Cartonnage DIY

까또나주
열두 달 보석상자

アトリエ・カルトナージュ 12ヶ月の宝石箱
Copyright ⓒ BNN. Inc. ⓒ Kayoko BIGEARD 2010
Originally published in Japan in 2010 by BNN. Inc.
Korean translation rights arranged
through PLS Agency, Korea.
Korean edition rights ⓒ 2014 by Samho-Media, Seoul.

이 책의 한국어판 저작권은 PLS 에이전시를 통한 저작권자와의 독점 계약으로 삼호미디어에 있습니다.
저작권법에 의해 한국 내에서 보호를 받는 저작물이므로 무단 전제와 복제를 금합니다.

Cartonnage DIY

까또나주 열두 달 보석상자

비저 가요코 지음 | 김남미 옮김

samho MEDIA

Prologue

여성에게 보석은 아름다움을 더해주는 장신구이자 특별한 추억을 불러일으키는 존재입니다. 보석함에 넣어둔 보석을 볼 때면, 그 보석에 얽힌 추억들이 생생히 떠오르고는 하지요.

저의 첫 액세서리는 티파니의 이니셜 목걸이입니다. 첫 액세서리인 만큼 늘 부적처럼 지니고 다니지요. 그 후로 보석은 결혼, 출산과 같은 제 인생에서 잊지 못할 일, 또는 타국 생활에서의 수많은 이야기에 빛을 더해주었습니다.

이런 의미에서 까또나주로 보석상자를 만드는 일은 옛것에 대한 그리움을 느끼는 작업이라고도 할 수 있습니다. 추억을 형태로 만드는 작업이라고 할까요. 여자라면 누구나 가지고 있을 보석 액세서리. 스스로에게 선물한 것이든, 부모님께 물려받은 것이든, 약혼식이나 결혼식 때 사랑의 증표로 나눈 것이든 보석은 다양한 추억과 함께 존재합니다. 여러분의 그 소중한 추억을 담을, 세상에 단 하나뿐인 보석상자를 만드는 데에 이 책이 도움이 되었으면 합니다.

CONTENTS

프롤로그 ……… 4

4월 다이아몬드 ……… 9
Main 다이아몬드 보석함
Set 눈 모양 상자

5월 에메랄드 ……… 10
Main 에메랄드 보석함
Set 클러치 상자

6월 펄 ……… 13
Main 펄 보석함
Set 시계 상자

7월 루비 ……… 14
Main 루비 보석함
Set 휴대용 서랍

8월 페리도트 ……… 17
Main 페리도트 보석함
Set 지갑 모양 상자

9월 사파이어 ……… 18
Main 사파이어 보석함

10월 오팔 ……… 21
Main 오팔 보석함
Set 베이직 상자

11월 토파즈 ……… 22
Main 토파즈 보석함
Set 안경 케이스

12월 터쿼이즈 ……… 25
Main 터쿼이즈 보석함
Set 트레이

1월 가닛 ……… 26
Main 가닛 액세서리 보드
Set 트럼프 상자

2월 애미시스트 ……… 29
Main 애미시스트 보석함
Set 서랍형 상자

3월 아콰마린 ……… 30
Main 아콰마린 보석함
Set 반지꽂이 상자

··· 특별한 보석함 – 엄마가 딸에게 ···

어린 딸에게 ············ 33
Main 마트료시카 미니 드레서

성장한 딸에게 ········ 34
Main 핸드백 보석함

까또나주 도구 ················ 36
까또나주 재료 ················ 39
까또나주의 기초 ············ 40
- 레슨 1 터쿼이즈 보석함 ············ 46
- 레슨 2 아콰마린 보석함 ············ 50
- 레슨 3 애미시스트 보석함 ········ 56

에필로그 ···················· 94

··· 탄생석에 대해 ···

탄생석은 성서에 기록되어 있는 열두 가지 보석이 기원이라 전해지며, 폴란드와 중부 유럽으로 이주해온 유대인들에 의해 전파되었습니다. 원래는 각 보석의 힘이 만개하는 달에, 그 힘을 받기 위해 해당 보석을 지니는 것이 풍습이었지만, 지금은 태어난 달의 보석을 일 년 내내 몸에 지니는 것으로 바뀌었지요. 자신이 태어난 달에 해당하는 보석을 지니면 장수와 행운을 누릴 수 있다고 합니다.

Diamant

April

4월 다이아몬드

동그란 통에서 긴 서랍을 빼내는 형태의 보석함입니다.
눈 모양의 작은 상자 또한 무척 인상적이지요.

액세서리 디자인·제작 : 아메미야 미호
도안·만드는 법 ▶ p.68

다이아몬드의 어원은 그리스어 '아다마스adamas'로 견고하고 정복하기 어렵다는 뜻을 가지고 있습니다. 지구상에서 가장 단단한 광물이지요. 전쟁터에 나가는 전사들이 수호석으로 몸에 지니기도 했으며, 오늘날에는 영원한 사랑을 약속하는 의미로 사용되고 있습니다.

한자명 금강석(金剛石)　**의미** 영원한 인연, 순진무구　**돌의 힘** 생명력을 강하게 한다. 정신력을 길러준다.　**결혼 기념** 75주년(금강석혼식)

5월 에메랄드

옆면을 여닫을 수 있는 형태의 둥근 보석함입니다.
농담을 준 녹색 배색 덕분에 자수의 무늬가 한층 돋보이지요.
클러치 상자는 작은 액세서리를 넣어 휴대하기에도 편리합니다.

자수 디자인 : 에가미 사치코
도안·만드는 법 ▶ p.70

No. 3

No. 4

신록의 계절, 생명이 움트는 색을 띤 에메랄드. 유서 깊은 보석인 만큼 고대에는 '아프로디테에게 바치는 보석'으로 일컬어졌습니다. 클레오파트라 또한 에메랄드를 무척 좋아해 광산을 개발하고, 광산에서 얻은 에메랄드로 화장품을 만들어 썼다고 전해지지요.

<u>한자명</u> 취옥(翠玉), 비취옥(翡翠玉)   <u>의미</u> 행운, 부부애   <u>돌의 힘</u> 미래를 예지한다. 불로장생한다. 행운을 부른다.   <u>결혼 기념</u> 55주년(취옥혼식)

Emeraude

Perle
June

6월 펄

튤tulle을 쓴 신부 이미지의 화이트 보석함입니다.
작은 상자에 단 시계가 아름다운 시간을 새겨갑니다.

조화 디자인 : 야마다 유키코
도안·만드는 법 ▶ p.72

여성의 미를 상징하는 보석, 펄. 미의 여신 아프로디테의 몸에서 떨어진 물방울이 바다속으로 가라앉아 만들어졌다고 전해집니다. 예부터 남성에게는 행운을, 여성에게는 기품과 부를 안겨준다고 해 귀하게 여겼으며, 가루로 만들어 먹으면 불로장생한다고 전해지기도 했습니다.

한자명 진주(珍珠)   의미 부, 건강, 장수   돌의 힘 잠재능력을 이끌어낸다. 예술적 재능을 키워준다.   결혼 기념 30주년(진주혼식)

7월 루비

뚜껑을 열면 비스듬한 선반이 나타나는 보석함입니다.
정열적으로 보이지만 뚜껑을 열면 사랑스러운 도트 무늬가 나타나지요.
본체와 분리할 수도 있는 작은 서랍은 휴대용으로 좋습니다.

액세서리 디자인·제작 : MANGA 미마
도안·만드는 법 ▶ p.74

No. 7

No. 8

루비는 붉은색을 뜻하는 라틴어 '루베우스 *rubeus*'에서 유래했습니다. 루비가 피(생명)와 불꽃(정열)을 상징한다고 해서 고대 유럽인들은 이를 가지고 있으면 용기와 위엄이 생긴다고 믿었지요. 오늘날에는 억누를 수 없는 정열을 표현하는 사랑의 보석으로 여겨집니다.

한자명 홍옥(紅玉)　**의미** 정열, 자비, 위엄　**돌의 힘** 적극적으로 꿈을 실현하게 한다. 용기를 준다.　**결혼 기념** 40주년(홍옥혼식)

14

Peridot
August

8월 페리도트

컬렉션을 넉넉히 수납할 수 있는 보석함입니다.
추억이 담긴 액세서리를 진열하면 보석 가게의 쇼 케이스 같지요.
본체와 분리할 수 있는 지갑 모양 상자는 여행용으로 안성맞춤입니다.

액세서리 디자인·제작 : MANGA 미마
도안·만드는 법 ▶ p.76

페리도트는 고대 이집트에서 '태양의 돌'로 불렸습니다. 어두운 곳에서도 빛이 났기 때문이지요. 역경 속에서도 희망의 빛을 밝히는 돌로 여겨지며, 색이 에메랄드와 비슷해 '이브닝 에메랄드'라고도 불립니다.

한자명 감람석(橄欖石) 의미 부부애, 풍요, 전환 돌의 힘 재앙을 물리치고 밝은 미래로 이끈다. 내면을 풍요롭게 한다. 결혼 기념 2주년(면혼식)

9월 사파이어

우아하고 시크한 분위기의 오각형 보석함입니다.
작아서 쌍으로 만들어 나란히 두면 무척 귀엽습니다.

도안·만드는 법 ▶ p.78

No. 11

고대 페르시아인들은 사파이어를 '대지를 떠받치는 돌'이라고 생각했습니다. 이 세계가 크고 강한 사파이어 위에 놓여 있고, 그 파란빛이 하늘을 비춘다고 여겼지요. 또한 십계명이 사파이어 석판에 새겨졌다고 해 '성직자의 돌'로도 불립니다.

한자명 청옥(靑玉) **의미** 성실, 덕망, 정조 **돌의 힘** 평온함을 준다. 헌신적이게 한다. 강한 의지를 갖게 한다. **결혼 기념** 23주년(청옥혼식)

Saphir
September

10월 오팔

일곱 빛깔의 자수를 놓은 산뜻한 보석함입니다.

단이 나뉘어 있어 실용적이며, 작은 액세서리를 깔끔하게 정돈할 수 있습니다.

액세서리 디자인 · 제작 : MANGA 미마
도안 · 만드는 법 ▶ p.80

No. 12

No. 13

무지갯빛이 도는 오팔은 아이들의 눈으로 만들어졌다고 전해집니다. 아이처럼 순수함을 의미하는 보석이지요. 오팔은 지니고 있는 사람의 마음가짐에 따라 색이 바뀐다고 합니다. 따뜻하고 순수한 마음을 잃지 않도록 노력하세요.

한자명 단백석(蛋白石) 의미 희망, 순수, 극기 돌의 힘 희망을 준다. 고난을 헤쳐나가게 한다. 직감과 창조력을 높인다. 결혼 기념 12주년(단백석혼식)

11월 토파즈

화려하고 원숙한 느낌의 보석함입니다.
세트인 안경 케이스 또한 화려함이 돋보입니다.

액세서리 디자인·제작 : 아메미야 미호
도안·만드는 법 ▶ p.82

No. 14

No. 15

토파즈는 황금색이 가장 대표적입니다. 셰리 와인 색, 낙엽이 지는 가을의 색에 비유되고는 하지요. 따뜻하고 차분한 빛깔 때문에 인생에 불을 밝히는 돌로 여겨지며, 지혜와 자신감, 풍요로움을 주는 보석으로 알려져 있습니다.

한자명 황옥(黃玉)　**의미** 우애, 희망　**돌의 힘** 통찰력을 준다. 감수성을 풍부하게 한다.　**결혼 기념** 16주년(황옥혼식)

Topaze
November

12월 터쿼이즈

활용도가 높은 트레이 형태의 보석함입니다.
종이와 부자재 선택에 공들여보세요.

도안 · 만드는 법 ▶ p.46, p.84

청량한 겨울의 하늘 또는 쾌청한 남국의 하늘에 비유되는 터쿼이즈. 채굴 장소에 따라 색상이 다양하며, 아리스토텔레스는 '공기가 순수하면 터쿼이즈의 색도 순수하고 공기가 탁하면 터쿼이즈의 색도 탁하다'라고 했습니다. 위험이 닥치면 색을 바꾸어 주인에게 알린다고 합니다.

한자명 터키석(Turkey石)   의미 성공, 번영, 건강한 신체   돌의 힘 기쁨을 준다. 위험을 예지한다. 안정감을 준다.   결혼 기념 3주년(혁혼식)

1월 가닛

트럼프와 주사위 등 장난기 넘치는 장신구를 응용한 액세서리 보드와 보석함입니다.
보드는 웰컴보드나 스크랩북킹으로도 사용할 수 있습니다.

액세서리 디자인 · 제작 : 아메미야 미호
도안 · 만드는 법 ▶ p.85

지니고 있으면 소원을 이루어주는 충성스러운 보석, 가닛. 노아의 방주에서 등불 대신 사용했다고 전해지며, 십자군 병사들이 부적처럼 지니기도 했습니다. 또한, 석류석으로 불리며 석류의 알갱이처럼 싱그럽고 귀여움을 상징하는 보석이기도 합니다.

한자명 석류석(石榴石) **의미** 진실, 정절 **돌의 힘** 적극적이게 한다. 체력을 북돋게 한다. **결혼 기념** 18주년(석류혼식)

Améthyste
Febrvary

2월 애미시스트

여자라면 꼭 하나쯤 가지고 있어야 할 우아한 보석함.
날개처럼 펼쳐지는 서랍이 독특하고도 아름답습니다.

도안 · 만드는 법 ▶ p.56, p86

No. 20

No. 21

세상에서 가장 아름다운 보석이라 불리는 자줏빛 애미시스트. 디오니소스의 저주로 호랑이에게 잡아먹힐 뻔한 처녀 애미시스트를 달의 여신 디아나가 대리석으로 만들어 지켜주었다가, 훗날 죄를 뉘우친 디오니소스가 포도주를 부어 자줏빛으로 물들여주었다고 전해집니다. 지니면 위험을 예지하고, 술에 취하지 않아 인생을 헤매지 않는다고 합니다.

한자명 자수정(紫水晶) **의미** 마음의 평화, 성실 **돌의 힘** 마음을 안정시킨다. 직관력을 높인다. **결혼 기념** 17주년(자옥혼식)

No. 22

3월 아쿠아마린

서랍을 좌우로 비스듬히 열 수 있는 독특한 보석함입니다.
세트인 반지꽂이 상자는 무척 실용적이지요.

조화 디자인 : 구사노 유코
도안·만드는 법 ▶ p.50, p87

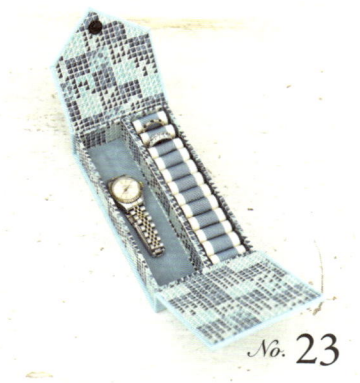

No. 23

아쿠아마린은 인어가 몸을 치장하다가 떨어뜨린 보석이 해안가로 떠밀려와 만들어졌다고 전해집니다. 밤에도 반짝이기 때문에 뱃사람들은 아쿠아마린이 안전한 항해와 풍어를 약속한다고 믿었습니다.

한자명 남옥(藍玉)　의미 총명, 침착　돌의 힘 평화와 안전을 약속한다. 행복한 연애와 결혼을 약속한다.　결혼 기념 4주년(화혼식)

Aigue-Marine
March

← 특별한 보석함, 엄마가 딸에게 →
Pour ma petite fille

어린 딸에게

예쁜 액세서리에 관심을 보이기 시작하는 딸에게
선물하기 좋은 마트료시카 미니 드레서.
귀여운 액세서리나 작은 머리방울 등을 넣어두면 깜찍합니다.

액세서리 디자인·제작 : 아메미야 미호
도안·만드는 법 ▶ p.88

성장한 딸에게

성숙한 여인으로 성장한 딸에게 선물하면 좋은 핸드백 모양의 보석함.
리버티의 전통 문양 덕분에 오트 쿠튀르의 분위기가 느껴지지요.

도안·만드는 법 ▶ p.89

No. 25

◆─ 특별한 보석함, 엄마가 딸에게 ─◆
Pour ma fille adolescente

까또나주 도구 *Outils*

까또나주에 필요한 기본 도구를 소개합니다. 전문적인 도구는 만들고자 하는 작품에 맞춰 하나씩 준비하세요.

♠ 기본 도구

- 커팅매트
- 커터(대, 소)
- 평붓 또는 솔
- 가위(원단용, 종이용)
- 접착제(목공용, 공작용)
- 자(모눈자, 금속자, 삼각자, 줄자, L자형 자)
- 필기도구
- 크래프트 테이프(물테이프)
- 테프론제 주걱
- 초크펜
- 낡은 원단 또는 타월
- 송곳

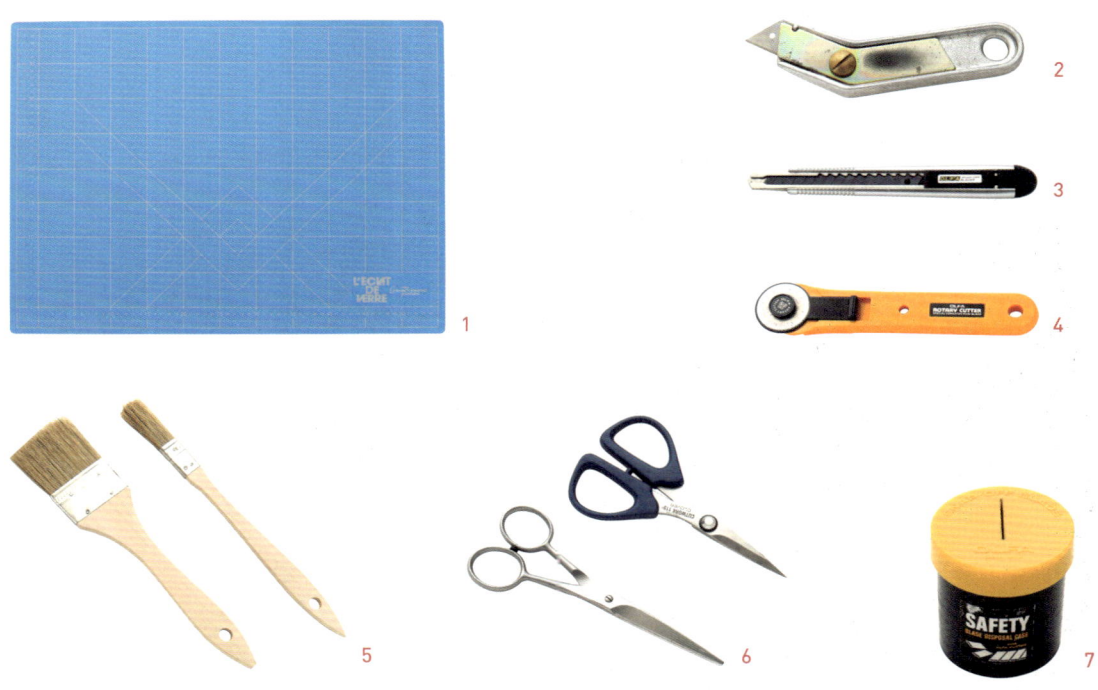

1 **커팅매트** 커터로 종이나 원단을 자를 때 책상에 흠집이 나지 않도록 까는 매트입니다. A2~A5까지 사이즈가 다양합니다. 2 **커터(대)** 판지처럼 두꺼운 종이를 자를 때 사용합니다. 3 **커터(소)** 켄트지나 장식지 등의 얇은 종이를 자를 때 사용합니다. 4 **로터리 커터** 얇은 원단을 늘어나지 않게 자를 수 있으며, 왼손잡이는 양용 타입이 유용합니다. 5 **솔** 접착제를 바를 때 사용합니다. 1~3cm의 평붓도 유용합니다. 6 **가위(원단용, 종이용)** 원단용과 종이용 가위 모두 끝이 뾰족한 것이 좋습니다. 7 **안전 칼날 처리기** 무뎌진 커터의 날을 안전하게 잘라낼 수 있으며, 폐 칼날을 모아둘 수 있습니다.

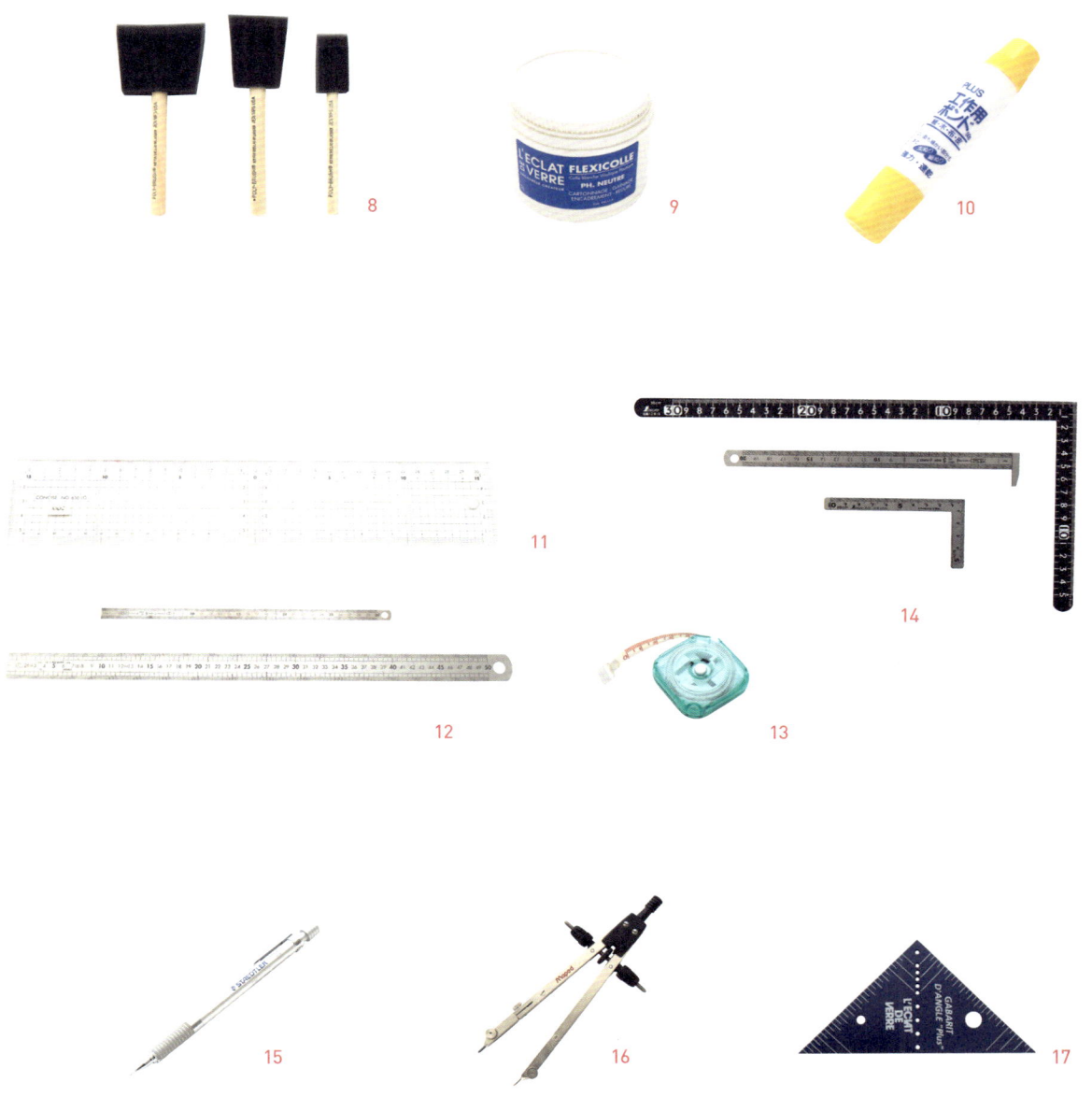

8 **스펀지 브러시** 넓은 면에 접착제를 한번에 칠할 수 있습니다. 9 **목공용 접착제** 수용성이 좋으며, 판지용 접착제도 좋습니다. 10 **공작용 접착제** 입구가 한쪽은 좁고 한쪽은 넓은 타입을 구입하면 접착면의 면적에 따라 골라 사용할 수 있습니다. 11 **모눈자** 가장자리부터 눈금이 들어가 있으면 치수를 재거나 선을 그을 때 편리합니다. 12 **금속자** 판지를 자르거나 치수선, 시접선을 그을 때 사용합니다. 가장자리부터 눈금이 들어가 있는 타입을 추천합니다. 13 **줄자** 상자 안쪽이나 바깥 둘레 등 곡선을 잴 때 사용합니다. 14 **L자형 자** 직각을 잴 때 사용합니다. 15 **샤프펜슬** 도안을 그릴 때 사용합니다. 0.5mm, 0.3mm 두 종류를 준비하면 편리합니다. 16 **컴퍼스** 원이나 다각형을 그릴 때 사용합니다. 17 **삼각자** 평행선을 긋거나 모서리의 각을 재는 등 다양하게 사용됩니다.

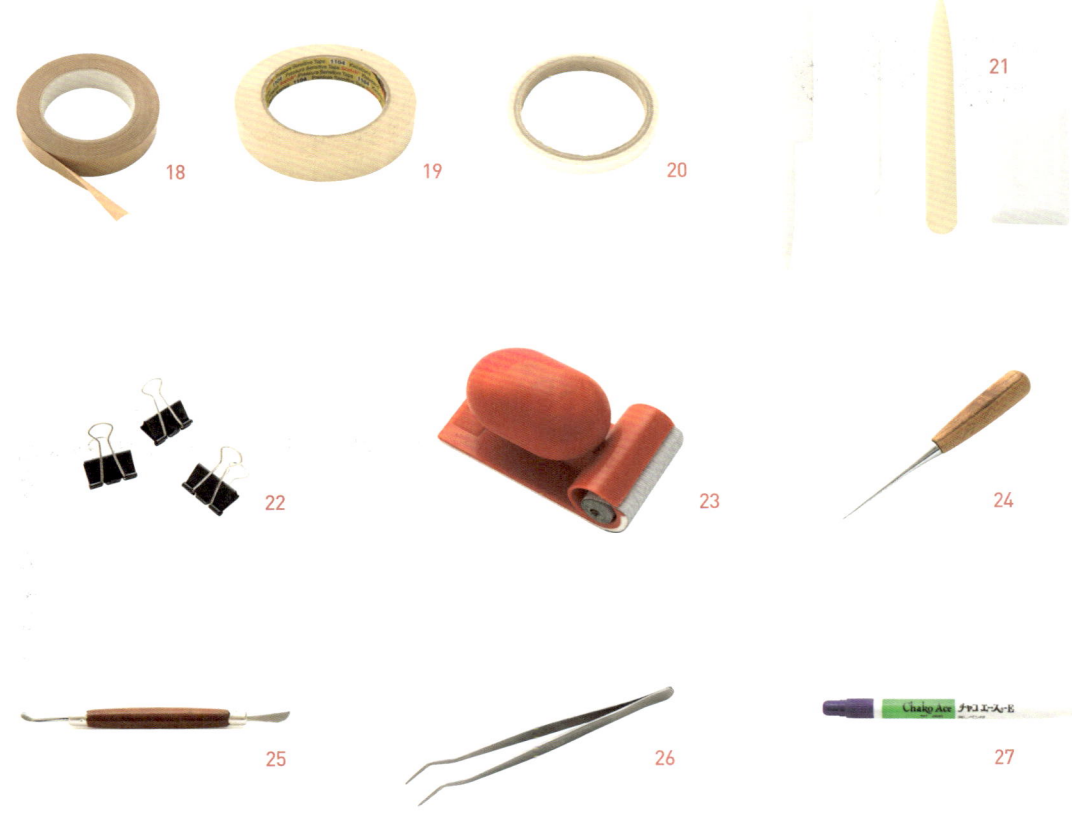

18 크래프트 테이프 '물테이프' 라고도 하며 판지의 이음새를 보강하기 위해 사용합니다. 작품에 맞는 색을 골라 사용합니다. **19 마스킹테이프** 더러워지면 안되는 곳에 붙여두거나, 임시 고정할 때 사용합니다. **20 양면테이프** 접착제로 붙이기 어려운 곳에 사용합니다. **21 테프론제 주걱** 원단이나 천을 고르게 붙이기 위해 사용합니다. **22 집게** 재료를 고정시킬 때 사용합니다. **23 샤포** 판지의 단면을 갈아 매끄럽게 할 수 있습니다. 종이 타입의 사포는 자투리 판지에 붙여 사용해도 좋습니다. **24 송곳** 부자재를 끼우거나 구멍을 뚫을 때 사용합니다. **25 모델러** 주걱과 같은 방식으로 사용합니다. 모서리 처리나 마무리 작업에 용이합니다. **26 핀셋** 세밀한 작업을 할 때 요긴합니다. **27 초크펜** 원단에 선을 긋거나 표시할 때 사용합니다.

♠ 그 외 편리한 도구

- 원형 커터 : 판지나 켄트지를 정확하게 원형으로 자를 수 있습니다.
- 운형자 : 다양한 곡선을 제도할 수 있습니다.
- 자유곡선자 : 안에 납이 들어 있어 자유롭게 휘어집니다. 곡선을 따라 치수를 재거나 자를 수 있습니다.
- 핑킹가위 : 원단이나 종이를 톱날 모양 등으로 자를 수 있는 가위. 가죽지의 가장자리를 처리할 때 사용합니다.
- 플라스틱 조각 : 집게를 끼울 때 대면 작품에 흠집이 나지 않습니다.

까또나주 재료 *Fournitures*

까또나주의 가장 중요한 재료는 판지와 장식지입니다. 종류가 무척 많으니, 만들고자 하는 작품에 맞춰 선택하세요. 리본과 같은 부자재는 취향에 맞는 것으로 선택하면 좋습니다.

❁ 판지

본 책에서는 주로 2.5mm 판지와 3mm 판지, 0.8mm 판지와 켄트지를 사용합니다. 각 판지별 특징을 소개합니다.

1~3mm 판지

작품에 따라 1mm, 2mm, 2.5mm, 3mm 판지를 사용합니다. 특히, 프랑스제 판지인 '까또브와'는 재생지로 만든 일반 회색 판지보다 잘 잘리며, 장식지나 원단에 비치지 않습니다. 표면이 고르기 때문에 작업에 용이합니다.

0.5~0.8mm 판지

옆면이나 바닥면, 곡선 부분에 사용합니다. 200g짜리가 구하기 쉽지만 작품에 따라서는 250g, 300g짜리도 사용하며, 안쪽을 철리하는 용도로는 '피치 켄트지'가 사랑받고 있습니다.

❁ 장식지

상자를 꾸밀 수 있는 다양한 장식용 종이를 소개합니다. 무늬가 질감이 다양하니 작품에 맞게 선택하세요.

무늬지

종류가 무척 다양하며, 유럽에서 들여온 수입지도 많습니다. 일반 포장지를 사용해도 좋습니다.

마블링지

섬세한 수작업의 멋이 느껴지는 고급 종이입니다. 이탈리아, 브라질의 수공 염색 마블링지, 프랑스의 프린트 마블링지 등이 우명합니다.

엠보싱지

엠보싱을 가공해 음영을 준 입체감 있는 종이입니다. 양피지나 대리석과 같은 질감의 엠보싱지도 멋스럽습니다.

패브릭지 · 기모지

배색을 연출할 수 있는 종이입니다. 기모 가공이 되어 있거나, 마麻나 진 jean처럼 독특한 질감이 느껴지는 것도 있습니다.

가죽지

피혁 재질의 종이로, 패브릭지 질감의 종이도 고급스럽습니다. 색상과 무늬가 무척 다양하며 튼튼합니다.

까또나주의 기초 *Base de cartonnage*

까또나주의 기본 순서와 순서에 따른 요령을 설명합니다. 바깥면에 붙이는 장식지의 종류나 만드는 상자의 형태에 따라 처리하는 법이 다르니 꼼꼼히 익혀두세요.

♠ 기본 순서

> 판지 자르기 → 판지 조립하기 → 크래프트 처리하기(상자 보강하기) → 원단이나 장식지 붙이기
> → 모서리 처리하기 → 바닥 처리하기 → 장식물과 부자재 달기

판지 자르기

커팅매트를 깔고, 판지를 세팅한 뒤 제도한 선을 따라 커터로 자릅니다. 자를 단단히 누르며 잘라야 판지가 밀리지 않으며, 커터의 날이 기울지 않도록 조심합니다.

• 단면 사선 커팅(비스듬히 자르기)

커터의 날을 판지에 넣고 기울기를 조정해 여러 번 자릅니다. 자른 후 단면을 사포로 갈아 매끄럽게 하세요.

잘린 단면

> 단면 사선 커팅용 자도 있지만, 손으로 자르는 편이 기울기를 조절할 수 있어 좋습니다.

판지 조립하기

바닥 판지의 단면에 접착제를 바르고 옆면 판지를 붙이거나, 옆면 판지의 단면에 접착제를 바르고 바닥 판지에 위에 얹어 붙이는 방법이 있습니다. 틈새는 접착제로 보강합니다.

바닥 판지 위에 옆견을 얹어 붙인 모습입니다.

크래프트 처리하기(상자 보강하기)

판지를 조립한 후에 판지와 판지의 이음매에 크래프트 테이프를 붙여 보강하는 방법입니다.

1. 크래프트 테이프를 붙일 자리보다 짧게 자르고, 반으로 접어 끝을 비스듬히 잘라 준비합니다.
2. 솔로 광택이 있는 면에 물을 발라 이음새에 붙입니다. 강도를 높이고 싶다면 물 대신 접착제를 바릅니다.

원단이나 장식지 붙이기

접착제는 판지나 켄트지에 바르는 것이 기본입니다. 솔이나 브러시로 얇고 균일하게 바르세요.

접착제를 물로 희석하거나, 성분이 다른 접착제(화학성과 식물성)끼리 섞으면 곰팡이가 슬거나 노랗게 변색될 수 있으니 주의하세요.

1. 옆면에 접착제를 바르고 원단이나 장식지를 붙인 뒤, 테프론 주걱으로 표면을 고르게 폅니다. 그리고 다음 면을 차례대로 꼼꼼히 붙여 나갑니다.
2. 원단일 경우, 1cm 정도 시접을 접어 붙인 뒤 모서리에서 맞춰 고정합니다. 종이일 경우엔 시접 없이 바로 고정합니다.

시접 처리하기

시접 처리는 붙이는 장식지의 소재나 안쪽 처리 방법에 따라 달라집니다. 기본적인 시접 처리 방법을 소개합니다.

• **바닥 시접 처리**

1. 가위를 모서리에서 1mm 정도 띄우고 바깥쪽에서 중심을 향해 자릅니다.
2. 시접을 꺾어 바닥으로 접어 붙입니다.

• 입구 시접 처리

※ 띠 처리…바깥쪽 원단을 그대로 접어 붙일 경우

1. 자를 대고 사진처럼 선을 긋습니다.

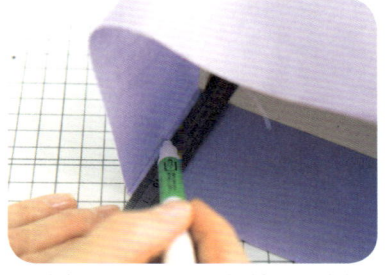
2. 상자를 돌려 옆 모서리에 선을 긋습니다.

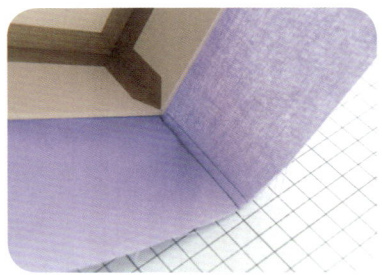
선을 그은 모습

3. 선을 따라 자릅니다.

4. 판지 두께만큼의 띠가 생깁니다.

5. 띠를 안으로 접어 붙인 뒤, 각 변의 시접을 접어 붙입니다.

※ 팔(八)자 처리…두꺼운 원단을 사용했을 경우

1. 모서리를 향해 시접에 좌우로 팔자 모양의 가위집을 넣습니다.

2. 한쪽 시접을 접어 붙이고, 나머지 한쪽 시접을 45도로 접습니다.

3. 그대로 안으로 접어 붙입니다.

※ ㄷ자 처리…패브릭지를 사용했을 경우

1. 판지의 단면을 따라 시접에 가위집을 넣습니다.

2. 나머지 한쪽 시접에도 같은 방법으로 가위집을 넣습니다.

3. 모서리를 자릅니다.

자른 모습(ㄷ자 모양)

4. 시접을 접어 붙입니다.

5. 다른 한쪽 시접을 모서리에서 45도로 만나도록 접어 붙입니다.

※ 45도 잇기…가죽지나 패브릭지를 사용했을 경우

1. 판지의 단면을 따라 시접에 가위집을 넣습니다.

2. 가위가 판지에 닿으면 바깥쪽을 향해 45도로 가위집을 넣습니다.

3. 시접을 접어 붙입니다.

4. 나머지 시접도 판지의 단면을 따라 가위집을 넣습니다.

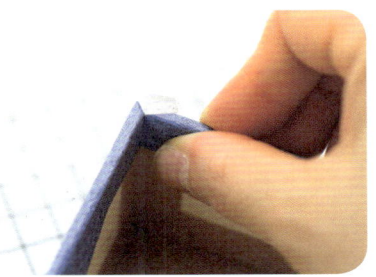
5. 판지에 닿으면 바깥쪽을 향해 45도로 가위집을 넣습니다.

6. 튀어나온 모서리를 잘라냅니다.

7. 시접을 접어 붙입니다.

바닥 처리하기

상자의 바닥은 '판지나 켄트지를 덧댄 장식지' 또는 '판지나 켄트지를 덧댄 원단'을 붙여 처리합니다. 켄트지를 덧대는 것을 '켄트지 처리', 판지로 덧대는 것을 '판지 처리'라고 하지요.

> 바닥 처리용 판지나 켄트지는 미리 본떠두었다가 반드시 상자 조립 후에 다시 크기를 조정해야 합니다. 시접은 원단이나 장식지의 두께를 고려하세요.

• 켄트지 처리하기

1. 원단을 사용할 때는 풀림 방지를 위해 시접에 얇게 접착제를 발라두세요. 종이를 사용할 경우에는 생략합니다.

2. 시접의 네 모서리를 1mm 정도 남기고 바짝 자릅니다.

3. 켄트지의 가장자리에 접착제를 바르고 시접을 접어 붙입니다.

• 판지 처리하기…장식지로 감쌀 경우

1. 판지 두께+α 정도를 남기고 모서리를 잘라냅니다.

2. 한쪽 시접을 접어 붙인 뒤 판지의 단면을 따라 끝 부분에 가위집을 넣습니다.

가위집을 넣은 모습

 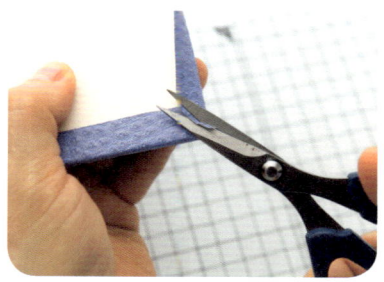 

3. 나머지 시접을 접은 뒤 튀어나온 모서리를 잘라냅니다.

4. 겹치는 부분은 45도로 깔끔하게 잘라 정리합니다.

5. 접어서 붙입니다.

• 판지 처리하기…원단으로 감쌀 경우

1. 판지 두께+α 정도를 남기고 모서리를 잘라냅니다.

2. 한쪽 시접을 붙입니다.

3. 모서리를 단면을 따라 접습니다.

4. 모서리를 꾹 눌러 나머지 시접과 함께 붙입니다. 만약, 두꺼운 원단을 사용했다면 시접이 겹치는 부분을 잘라냅니다.

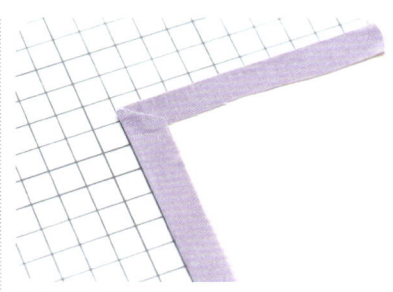

5. 접어서 붙입니다.

장식물과 부자재 달기

자석이나 손잡이, 경첩 등은 판지를 커터로 여러 번 벗겨내고 부착해야 턱이 지지 않습니다. 그리고 다리 장식은 나사로 고정하므로 설치 전에 바닥을 두껍게 하세요.

• 다리 장식 부착하기

1. 바닥 판지를 처음부터 두꺼운 걸 쓰거나, 안쪽 바닥을 1장 더 덧댑니다.

2. 바깥쪽 바닥 모서리에 다리 장식을 고정합니다.

 Tip

① 판지가 깔끔하게 잘리는 일은 드뭅니다. 단면을 사포로 매끄럽게 다듬은 후 작업하세요.
② 곡선 부분의 시접을 처리할 때는 판지 두께+α 정도의 여유를 두어 가위집을 넣고, 틈새로 판지가 보이면 자투리 천을 덧대세요.
③ 본체와 뚜껑을 연결할 때 경첩 용도로 쓰는 천(패브릭지)을 '샤르니에'라고 하며, 이런 샤르니에를 연결하는 작업을 '샤르니에 처리'라고 합니다.

No.16 터쿼이즈 보석함 난이도 ★

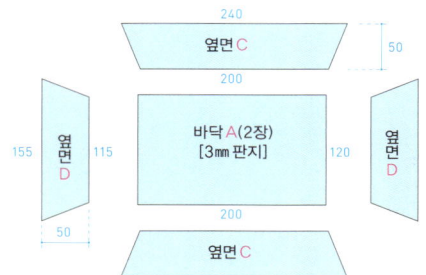

12월의 터쿼이즈 보석함(p.24) 만드는 법을 소개합니다.
장식지를 마블링지로 바꾸어 작업했습니다.

◆ 재료
2.5mm 판지, 3mm 판지, 켄트지, 마블링지,
장식술, 다리 장식

◆ 완성 사이즈
가로 240×세로 160×높이 65mm

◆ 판지 사이즈
- 바닥 A···200×120mm 2장
- 뚜껑 B···227×145mm 1장
- 옆면 C···2장
- 옆면 D···2장

※도안에 2.5mm 판지는 따로 표기하지 않았습니다.

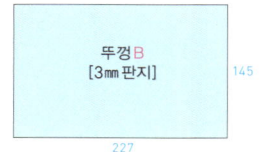

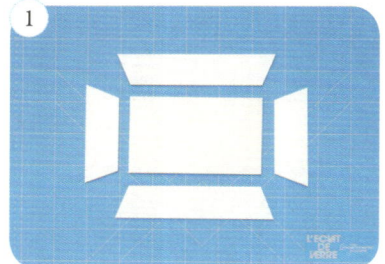

1. 판지를 세팅합니다.

2. 뚜껑 B와 옆면 C, D를 켄트지에 본뜹니다.

3. 옆면 C의 단면에 접착제를 발라 바닥 A 위에 붙입니다.

4. 안쪽을 크래프트 처리(p.41 '크래프트 처리하기' 참조)합니다.

5. 옆면 D도 바닥 A 위에 붙이고 안쪽을 크래프트 처리합니다.

6. 옆면 C를 장식지(마블링지)에 본뜹니다.

본의 바깥쪽에 시접을 주고 자릅니다.

자른 장식지를 옆면 C의 바깥쪽에 붙입니다.

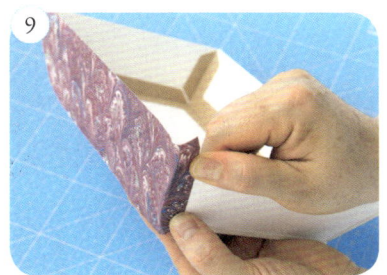
좌우 시접을 본체에 접어 붙입니다.

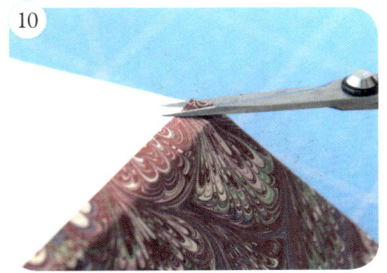
아래쪽 시접의 겹치는 부분을 잡아 자릅니다.

시접을 바닥에 붙입니다.

위쪽 시접은 비스듬히 가위집을 넣습니다.

시접을 모서리에 맞춰 안으로 접어 붙입니다.

반대쪽도 장식지를 붙입니다.

옆면 D를 장식지에 본뜹니다.

본의 위아래에만 시접을 줍니다.

자른 장식지를 붙입니다.

아래쪽 시접을 바닥에 붙입니다.

47

19 위쪽 시접은 접어서 판지의 단면을 따라 가위집을 넣습니다.

20 가위날이 판지에 닿으면 45도로 꺾어 자릅니다.

21 시접을 안으로 접어 붙입니다. 반대쪽도 같은 방법으로 장식지를 붙입니다.

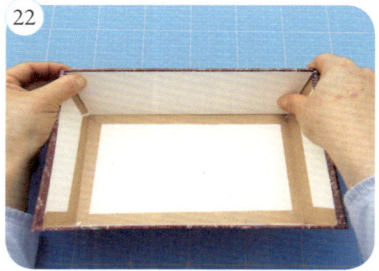
22 ②에서 본뜬 옆면 C의 켄트지를 본체보다 위쪽은 몇 ㎜ 짧게, 좌우와 아래쪽은 딱 맞게 조정합니다.

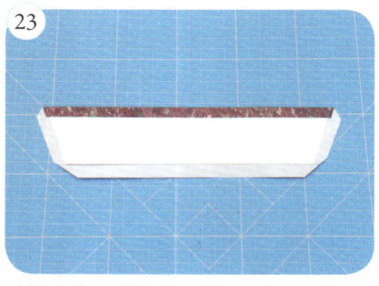
23 장식지에 조정한 켄트지를 붙이고, 위쪽 시접을 접어 붙입니다.

24 켄트지 처리한 장식지를 본체 안쪽에 붙입니다. 그리고 좌우 시접과 아래쪽 시접을 옆면과 바닥에 붙입니다.

25 반대쪽 옆면도 같은 방법으로 처리합니다.

26 ②에서 본뜬 옆면 D의 켄트지를 본체의 높이와 맞추고, 좌우는 장식지의 두께만큼 살짝 줄입니다.

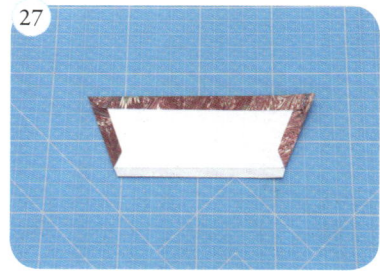
27 장식지에 조정한 켄트지를 붙이고, 아래쪽 시접만 제외하고 모두 접어 붙입니다.

28 켄트지 처리한 장식지를 옆면 안쪽에 붙이고, 아래쪽 시접을 바닥에 붙입니다.

29 반대쪽 옆면도 같은 방법으로 처리합니다.

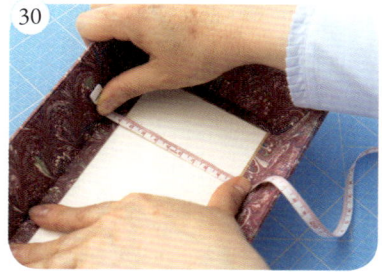
30 안쪽 바닥의 사이즈를 잽니다.

바닥 A를 안에 넣어 사이즈를 조정합니다.

장식지에 조정한 바닥 A를 붙입니다(p.44 '판지 처리하기' 참조).

판지 처리한 장식지를 본체 안쪽에 붙입니다.

바깥쪽 바닥에 실치수의 장식지를 붙입니다.

장식지에 뚜껑 B를 붙입니다.

중앙에 송곳으로 구멍을 뚫고 장식술을 끼웁니다.

안쪽의 판지를 살짝 벗겨 장식술의 끈을 넣은 뒤, 크래프트 테이프를 붙입니다.

②에서 본뜬 뚜껑 B의 켄트지를 판지보다 2mm 정도 작게 조정합니다.

장식지에 조정한 켄트지를 붙입니다.

켄트지 처리한 장식지를 뚜껑 안쪽에 붙입니다.

바닥에 다리 장식을 고정(p.45 '다리 장식 고정 방법' 참조)하면 완성.

No.22 아쿠아마린 보석함 난이도 ★★

3월의 아쿠아마린 보석함(p.30)을 장식지만 바꾸어 만들었습니다.
서랍 만드는 법을 익히세요.

◆ 재료
2.5mm 판지, 켄트지, 마 원단, 패브릭지,
리버티 프린트 코튼, 로마스톤지, 리본, 꽃 장식

◆ 완성 사이즈
가로 310×세로 155×높이 118mm

◆ 판지 사이즈
[본체]
- 바닥·중간판·뚜껑 A···3장
- 옆면 B···175×115mm 2장
- 옆면 C···175×50mm 1장
- 옆면 D···175×65mm 1장
- 꽃 장식 받침판···뚜껑 A보다 5mm 작게/1장
※뚜껑 테두리는 실치수를 측정해 준비한다.

[서랍]
- 서랍 바닥 A···303×152mm 2장
- 옆면 E···170×50mm 8장

도안

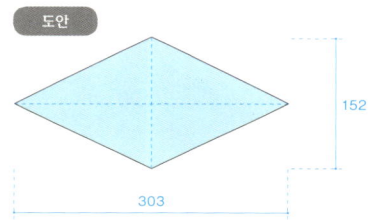

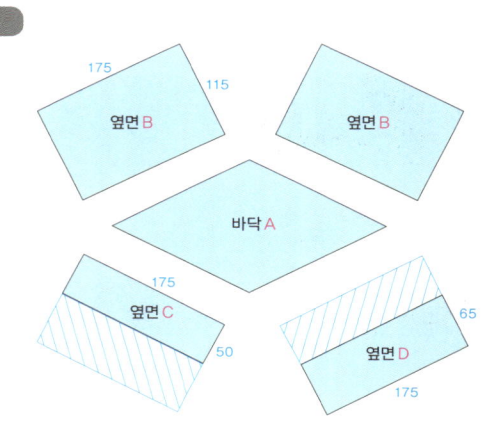

중간판 A

뚜껑 A

서랍

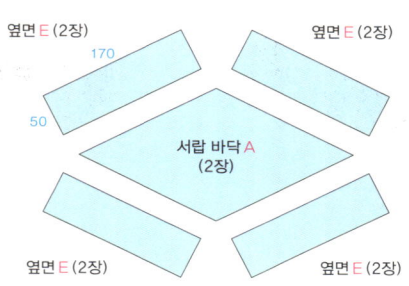

1 본체용 판지를 세팅합니다.

2 켄트지에 바닥 A를 본뜹니다(4장).

3 바닥 A의 둘레에 판지 두께만큼의 선을 긋습니다.

4 그은 선에 맞춰 로마스톤지를 붙입니다. 이때, 서랍의 입구가 될 변은 1.5cm 정도 접착제를 바르지 않고 띄워둡니다.

5 옆면 B에 밑에서 5cm 위로 선을 긋습니다. 이 선은 추후 서랍의 높이가 됩니다.

6 좌우를 단면 사선 커팅(p.40 '단면 사선 커팅' 참조)합니다.

7 ⑤의 선 아래에 로마스톤지를 붙입니다. 이때, 오른쪽 옆면은 판지 두께만큼 띄워 로마스톤지를 붙이고, 서랍 입구에 해당하는 변은 1.5cm 띄워둡니다.

8 옆면 C도 ⑦의 오른쪽 옆면과 같은 방법으로 로마스톤지를 처리합니다.

9 모두 조립합니다.

10 중간판 A의 사이즈를 조정합니다.

11 조정한 중간판 위아래에 로마스톤지를 붙이고, 서랍 입구에 해당하는 각 변은 1.5cm 정도 띄워둡니다.

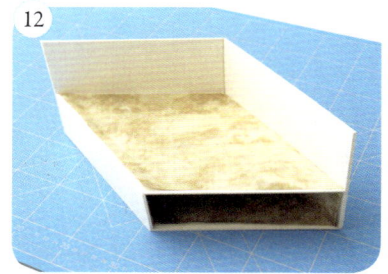

12 중간판 A를 옆면 B의 로마스톤지 선에 맞춰 붙입니다.

13 옆면 B의 상단에 5cm 높이로 로마스톤지를 붙이고, 서랍 입구에 해당하는 변을 1.5cm 정도 띄워둡니다.

14 옆면 D도 5cm 높이로 로마스톤지를 붙인 후 서랍 입구에 해당하는 변을 1.5cm 정도 띄워둡니다.

15 뚜껑 A의 사이즈를 조정합니다.

16 뚜껑 A의 안쪽에 로마스톤지를 붙이고, 서랍 입구에 해당하는 변을 1.5cm 정도 띄워둡니다.

17 실치수에 맞춰 뚜껑 테두리를 붙입니다.

18 줄자로 옆면의 둘레를 잰 뒤 좌우 1cm, 아래쪽 1.5cm, 위쪽 3.3cm의 시접을 더해 마 원단을 준비합니다.

19 한 면씩 접착제를 발라 붙이고 여분은 되접어 모서리에 맞춰 붙입니다.

20 아래쪽 시접을 바닥에 붙입니다.

21 위쪽 시접을 안으로 접어 붙입니다.

22 상단 서랍 부분에 가위를 넣습니다.

23 원단을 Y자로 자른 뒤, 시접을 1cm 정도 남겨 직사각형으로 잘라냅니다.

24 하단 서랍의 원단도 같은 방법으로 잘라냅니다.

25 위아래 시접을 접착제를 바르지 않고 두었던 로마스톤지 밑으로 넣어 붙입니다.

26 리본을 로마스톤지 밑에 넣어 둘레를 감아 붙입니다.

27 ②에서 본뜬 바닥 A의 켄트지를 전체적으로 2mm 정도 작게 조정합니다.

28 원단에 조정한 켄트지를 붙이고, 바깥쪽 바닥에 붙입니다.

29 뚜껑 위쪽도 같은 방법으로 처리하면, 본체가 완성됩니다.

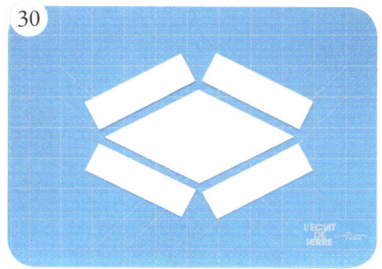

30 서랍용 판지를 세팅합니다.

31 서랍 바닥 A를 서랍의 입구에 넣어 사이즈를 조정합니다.

32 본체에 서랍 바닥 A를 넣어 옆면 E의 높이를 정합니다. 이때 바닥과 윗부분이 원단의 두께만큼 두꺼워질 것을 고려합니다.

33 옆면 E를 준비합니다.

34 옆면 E의 좌우를 단면 사선 커팅합니다.

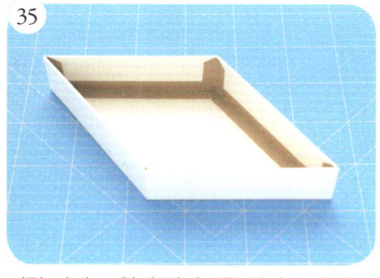

35 서랍 바닥 A 위에 옆면 E를 얹어 조립하고, 안쪽을 크래프트 처리합니다.

36 줄자로 옆면의 둘레를 재고 좌우 1cm씩, 위아래 1.5cm씩 시접을 더해 마 원단을 준비합니다.

37 시접을 내고, 작품의 뒤쪽에 해당하는 면의 모서리부터 원단을 붙이기 시작합니다.

38 자투리 판지로 원단을 밀며 울지 않게 꼼꼼히 붙입니다.

39 세 면 정도 붙인 뒤, 마지막 면의 길이를 확인하고 여분을 되접어 붙입니다. 그리고 본체의 모서리에 맞춰 붙입니다.

40 아래쪽 시접을 바닥에 붙입니다.

41 위쪽 시접도 가위집을 내 접어 붙입니다.

42 앞쪽에 해당하는 면에 손잡이를 끼울 구멍을 뚫습니다.

43 리본으로 나비 모양을 만듭니다.

44 손잡이의 나사가 닿을 부분의 판지를 살짝 벗겨냅니다.

45 나사를 손잡이에 끼우고 본체에 고정합니다.

46 안쪽에 크래프트 테이프를 붙입니다.

47 앞면 안쪽의 치수를 측정해 켄트지를 준비합니다.

48 리버티 프린트 코튼에 준비한 켄트지를 붙이고, 위쪽 시접을 접어 붙입니다.

뒷면에 해당하는 면에 켄트지 처리한 원단을 붙이고, 나머지 시접은 바닥과 옆면에 붙입니다. 앞면도 같은 방법으로 처리합니다.

좌우 옆면도 같은 방법으로 켄트지를 준비하고, 시접은 아래쪽을 제외하고 모두 접어 붙입니다.

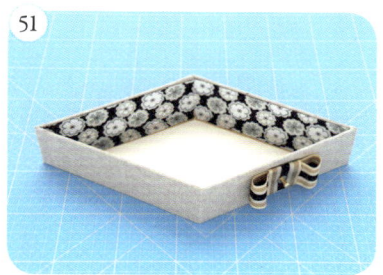
좌우 옆면을 처리합니다.

안쪽 바닥의 실치수를 잽니다.

②에서 본뜬 켄트지를 조정합니다.

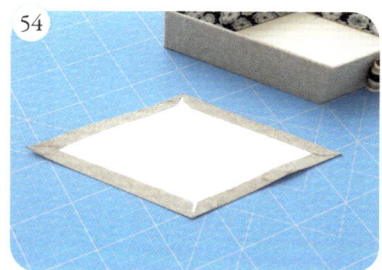
마 원단에 조정한 켄트지를 붙입니다.

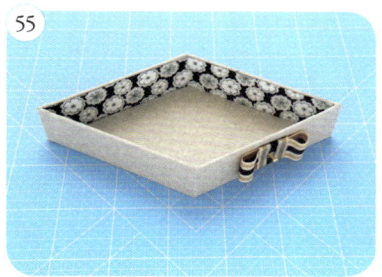
켄트지 처리한 원단을 안쪽 바닥에 붙입니다.

완성된 서랍을 패브릭지에 본뜹니다.

본뜬 선보다 약간 작게 패브릭지를 자릅니다.

자른 패브릭지를 바깥쪽 바닥에 붙입니다.

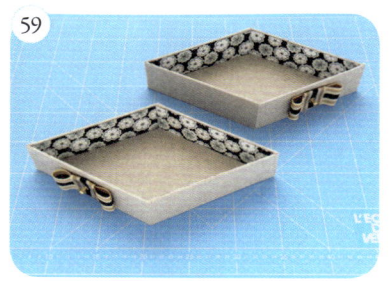
같은 방법으로 서랍 한 개를 더 만듭니다.

서랍을 세팅하고 뚜껑 위를 장식하면 완성.

No.20 애미시스트 보석함 난이도 ★★★

2월의 애미시스트 보석함(p.28)을 장식지만 바꾸어 만들었습니다.
다양한 종류의 속상자 만드는 법을 익히세요.

◆ 재료
2.5mm 판지, 3mm 판지, 켄트지, 기모지, 패브릭지, 가죽지, 기모 원단, 리본, 꽃 장식, 경첩, 잠금장치, 손잡이, 자석, 거울, 스펀지

◆ 완성 사이즈
가로 315×세로 165×높이115mm

◆ 판지 사이즈

[상단 속상자]
- 바닥 A·B…1장
- 옆면 C…209×35mm 2장
- 옆면 D…145×35mm 2장
- 앞면 E…180×80mm 2장
- 뒷면 F…174×35mm 1장
- 옆면 G…147×43mm 2장
- 지지대 H…147×43mm 1장
- 바깥쪽 옆면 I…617×80mm 1장

[하단 속상자]
- 바닥 J…2장
- 옆면 K…440×35mm 2장

[본체]
- 뚜껑 L…1장
- 뚜껑 옆면 M…800×25mm 1장
- 받침판 N…본체보다 5mm 크게 1장
- 경첩용 판지 O…185×23mm 1장

※반지꽂이는 본체 완성 후 실치수로 준비한다.

1 바닥 판지를 제도합니다(2장). 1장은 상단 속상자가 되고, 1장은 하단 속상자의 베이스가 됩니다.

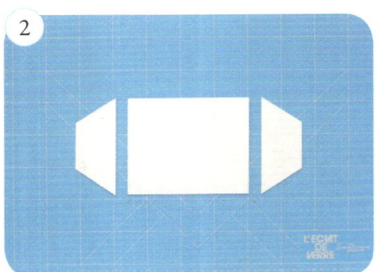

2 상단 속상자 A·B를 준비합니다.

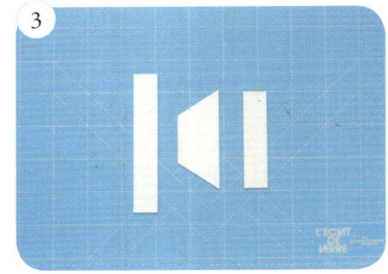

3 좌측 상단 속상자를 만들 판지를 세팅합니다. 왼쪽부터 옆면 C, 바닥 A, 옆면 D입니다.

4 바닥 A를 가죽지에 본뜹니다(2장).

5 바닥 A의 각 변의 길이를 잽니다. 이때 옆면을 바닥 위에 얹어 조립하게 되므로, 판지의 두께를 뺀 안치수를 잽니다.

6 각 치수를 옆면 C에 옮깁니다.

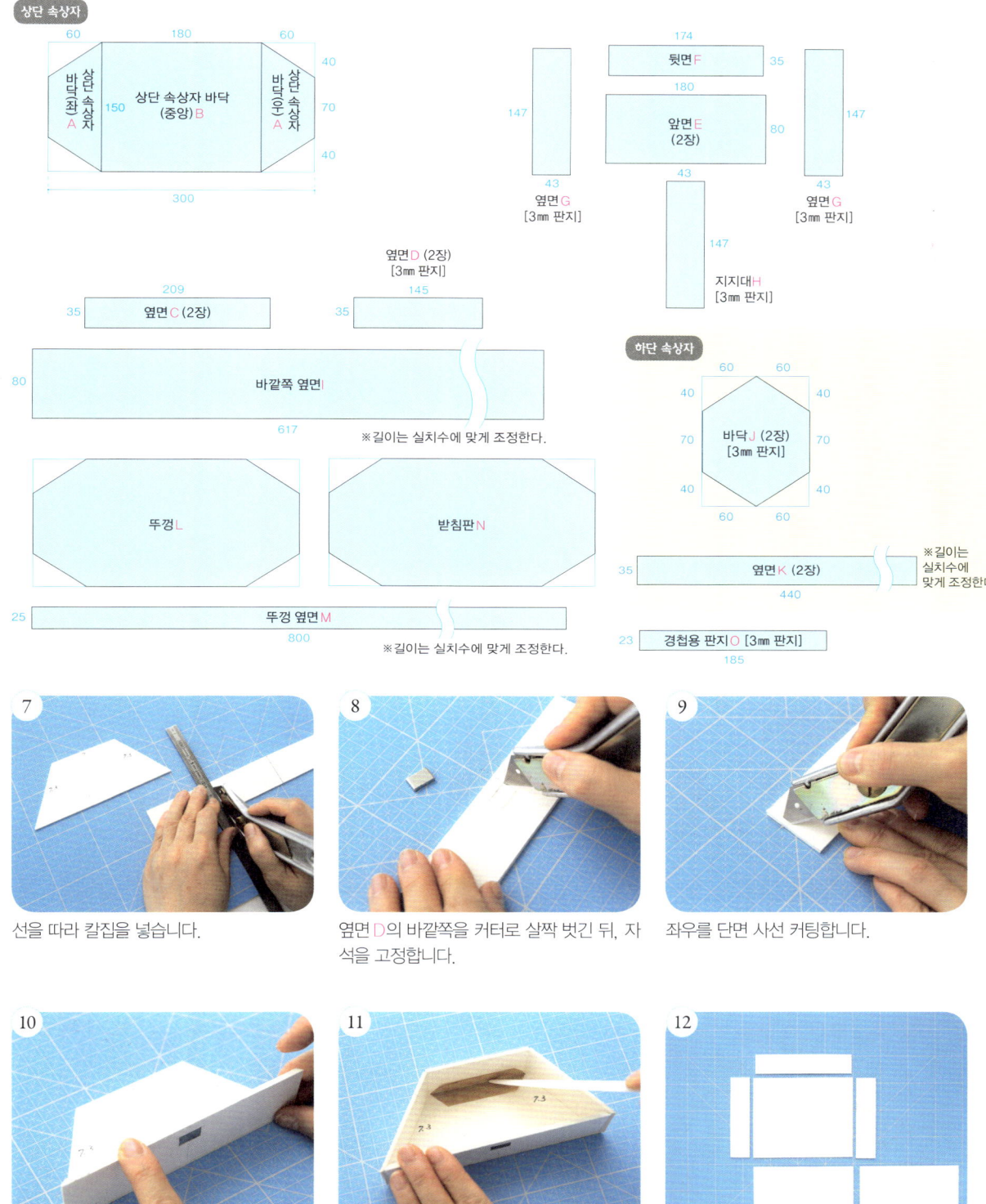

13 앞면 E 2장을 맞붙입니다.

14 옆면 G의 바깥쪽에 자석받침을 고정합니다.

15 처리가 끝난 판지를 모두 조립하고 안쪽을 크래프트 처리합니다.

16 ⑬에서 맞붙인 앞면 E를 사진처럼 윗부분과 좌우의 높이에 맞춰 고정합니다.

17 좌우 상단 속상자와 자석이 잘 맞물리는지 확인합니다.

18 중앙 상단 속상자의 앞면 E와 옆면 G에 가죽지를 붙입니다.

19 아래쪽 시접을 모두 접어 붙입니다.

20 위쪽 시접을 상자 안으로 접어 붙입니다.

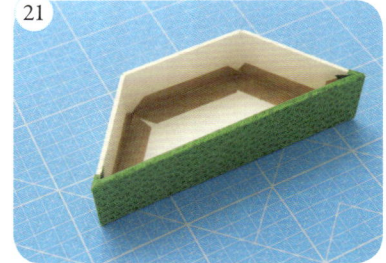

21 좌우 상단 속상자의 자석이 달린 면에 가죽지를 붙입니다.

22 나머지 면은 가죽지를 붙이지 않습니다.

23 중앙 속상자를 모두 닿대고 앞면을 제외한 둘레를 측정합니다.

24 옆면 I에 측정한 각 변의 치수를 옮기고, 칼집을 넣어둡니다.

25 상단 속상자를 마스킹테이프로 임시고정합니다.

26 임시고정한 상태로 본을 떠 뚜껑 L을 준비합니다.

27 옆면 I에 가죽지를 붙입니다. 이때 좌우와 아래쪽 시접은 붙이고, 위쪽 시접은 붙이지 않습니다.

28 안쪽을 3㎜ 정도씩 띄워 패브릭지를 붙입니다.

29 테프론 주걱으로 접는 선을 만듭니다.

30 상단 속상자의 둘레에 옆면 I를 붙입니다.

31 가죽지의 위쪽 시접을 각각 속상자 안으로 접어 붙입니다.

32 고무밴드로 고정해 형태를 잡습니다.

33 속상자를 뒤집어 중앙의 빈 공간 사이즈를 측정한 뒤, 지지대 H를 만들어 가죽지를 붙입니다.

34 지지대 H를 중앙에 직각으로 붙입니다.

35 중앙 상단 속상자의 양쪽 바닥 사이즈를 잽니다.

36 사이즈에 맞춰 가죽지를 붙입니다.

37
④에서 본뜬 바닥 A의 가죽지도 사이즈를 조정해 붙입니다.

38
좌우에 들어갈 하단 속상자의 바닥 J를 만듭니다. ①에서 준비한 두 번째 도안을 사용해 사이즈를 조정하면 쉽습니다.

39
각 변의 길이를 잽니다.

40
바닥 J를 패브릭지에 본뜹니다(2장).

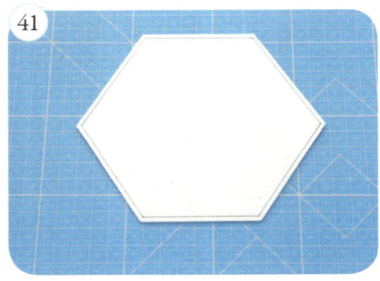

41
바닥 J에 판지의 두께만큼 안쪽으로 선을 긋고 안치수를 잽니다.

42
옆면 K에 ㊵에서 잰 치수를 옮기고 칼집을 넣습니다. 한 변씩 폭을 확인하며 옮겨야 정확합니다.

43
바닥 J 와 옆면 K를 조립하고 안쪽을 크래프트 처리합니다.

44
옆면에 장식지(기모 원단)를 붙입니다. 시접을 1㎝ 정도 내놓고 단지의 이음매 부분부터 붙여야 보기 좋습니다.

45
장식지의 사이즈를 조정하고 시접 없이 이음매에서 정확히 마무리합니다.

46
위쪽 시접을 안으로 접어 붙입니다.

47
아래쪽 시접을 바닥에 접어 붙입니다.

48
㊵에서 본떠둔 패브릭지를 조정해 바깥쪽 바닥에 붙입니다.

49 본떠둔 다른 1장의 패브릭지는 본뜬 선보다 1cm씩 크게 잘라 접음선을 만든 뒤 안쪽 바닥에 붙입니다.

50 안쪽 옆면을 처리할 켄트지의 사이즈를 조정하고, 각 변의 길이에 맞춰 접음선을 만듭니다.

51 장식지에 조정한 켄트지를 붙이고, 위아래 시접을 접어 붙입니다.

52 1cm 정도 시접을 내놓고 안쪽 이음매부터 붙이기 시작합니다.

53 네 변 정도 붙인 뒤, 길이를 확인해 켄트지 끝을 안으로 접어 시접 없이 붙입니다. 같은 방법으로 상자를 하나 더 만듭니다.

54 완성된 두 개의 하단 속상자를 상단 속상자에 붙입니다. 열었을 때 이음매가 보이지 않은 방향으로 붙여야 깔끔합니다.

55 뒤집어서 상단 속상자 앞면에 잠금장치를 답니다.

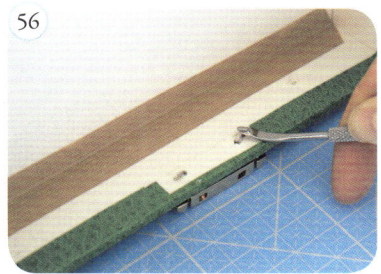

56 상자 안쪽에 잠금장치 부속물이 닿는 부분의 판지를 조금 벗기고 날개를 접고 그 위에 크래프트 테이프를 붙입니다.

57 중앙 속상자의 뒷면에 경첩을 답니다.

58 본떠둔 좌측 상단 속상자의 가죽지를 본뜬 선보다 1cm 정도 크게 자릅니다.

59 가죽지를 안쪽 바닥에 붙이고 시접은 모두 옆면에 붙입니다.

60 안쪽 옆면을 모두 켄트지 처리한 장식지를 붙입니다.

61 우측 상단 속상자도 같은 방법으로 처리합니다.

62 장식지에 중앙 상단 속상자 안쪽의 앞뒷면을 처리할 켄트지를 쿨입니다.

63 켄트지 처리한 장식지를 앞면과 뒷면에 붙이고, 좌우 옆면의 실치수를 측정합니다.

64 좌우 옆면에 켄트지 처리한 장식지를 붙입니다. 시접은 모두 켄트지에 붙입니다.

65 완성된 본체를 본뜬 뒤, 본보다 5mm 크게 잘라 받침판 N을 만듭니다.

66 받침판 N을 켄트지에 본뜹니다.

67 가죽지에 받침판 N을 붙입니다.

68 판지 처리한 받침판 N의 뒷면에 본떠둔 켄트지를 대고 사이즈를 확인한 뒤, 켄트지를 판지보다 2mm 작게 자릅니다.

69 가죽지에 조정한 켄트지를 붙이고, 시접 부분을 사포로 살짝 문질러 접착제를 확실히 붙입니다.

70 받침판 N과 켄트지 처리한 가죽지를 맞붙입니다.

71 본체에 받침판 N을 쿨입니다. 이때 접착제는 판지에 붙인 가죽지에만 바르고, 켄트지 부분과 하단 속상자에는 바르지 않습니다.

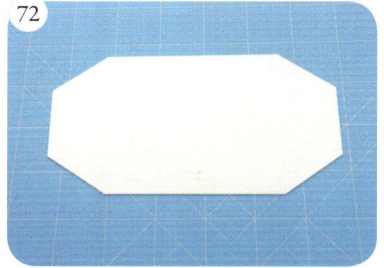
72 뚜껑 L을 세팅합니다.

뚜껑 L을 켄트지에 본뜹니다.

각 변의 안쪽에 켄트지의 두께만큼 선을 긋고, 각 변의 치수를 표시합니다.

뚜껑 옆면 M에 각 변의 치수를 옮기고 칼집을 넣습니다.

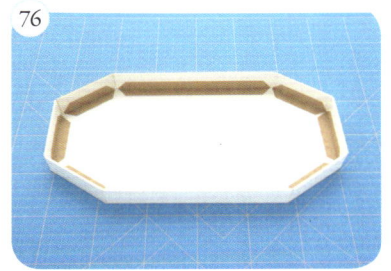
뚜껑 L과 뚜껑 옆면 M을 조립하고 안쪽을 크래프트 처리합니다.

뚜껑 위에 장식지를 붙입니다. 시접은 옆면에 붙이고 여분은 가위로 잘라냅니다.

옆면의 둘레를 측정한 뒤, 둘레에 맞춰 가죽지를 준비합니다.

가죽지를 이음매와 윗부분 가장자리에 맞춰 붙입니다.

아래쪽 시접을 안으로 접어 붙입니다.

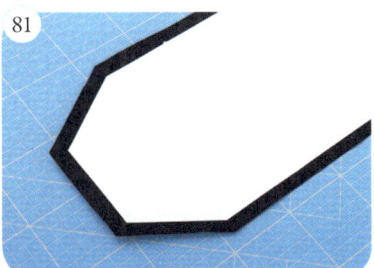
장식지에 본떠둔 켄트지를 붙입니다. 이때 시접은 붙이지 않고 그대로 둡니다.

켄트지 처리한 장식지를 뚜껑 안쪽에 붙이고 시접은 모두 옆면에 붙입니다.

뒷면(가장 긴 면)에 해당하는 면을 제외한 안쪽 옆면의 길이를 재고, 시접을 2㎝ 정도 더해 가죽지를 준비합니다.

가죽지를 뒷면에 1㎝씩 시접을 내놓고 안쪽 옆면에 붙입니다.

뒷면의 사이즈에 맞춰 가죽지를 붙인 경첩용 판지 O를 준비합니다.

뒷면에 달아두었던 금속 경첩으로 뚜껑과 본체를 연결합니다.

본체의 잠금장치와 맞물리게끔 뚜껑 앞면에 잠금장치를 답니다.

뚜껑 안쪽에 거울을 붙입니다.

거울 옆에 꽃 장식을 달면 본체 완성.

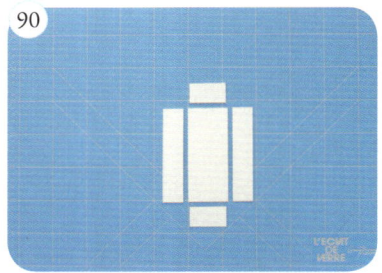

반지꽂이용 판지를 세팅합니다.

바닥과 옆면을 조립한 후 안쪽을 크래프트 처리합니다.

칸막이용 판지에 가죽지를 붙입니다.

가죽지의 좌우 시접은 옆면에, 아래쪽 시접은 바닥에 붙입니다.

판지 전체를 감쌀 크기의 가죽지를 준비합니다. 세로는 상자의 '세로 길이+옆면 높이×2+1.5㎝'이고, 가로는 '가로 길이+옆면 높이×2+1.5㎝'입니다.

바닥에 가죽지를 붙이고 상자와 가죽지의 모서리를 연결해 자릅니다.

시접 부분을 남기고 귀퉁이 부분을 모두 잘라냅니다.

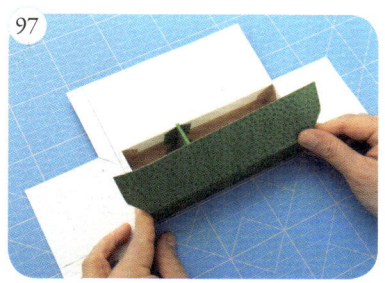

97 옆면에 가죽지를 붙이고 시접은 좌우에 접어 붙입니다.

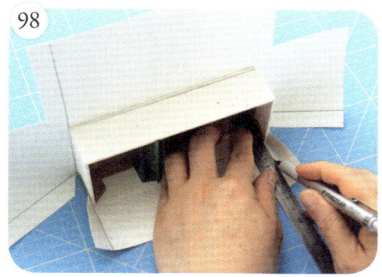

98 안쪽 모서리에 직각으로 자를 대고 선을 긋습니다.

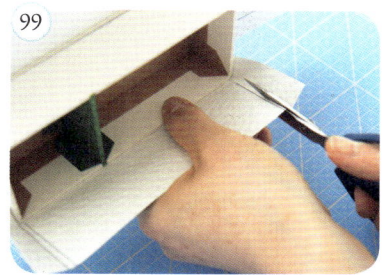

99 그은 선에서 약간 바깥쪽을 판지의 두께만큼 띄운 지점까지 자릅니다.

100 바깥으로 돌려 모서리를 45도로 자릅니다.

101 위로 튀어나온 모서리를 판지의 높이에 맞춰 자릅니다.

102 칸막이 부분도 자를 대고 직각으로 선을 그은 뒤 자릅니다.

103 가죽지를 안으로 접어 붙이고 반대편도 같은 방법으로 처리합니다.

104 처리하지 않은 옆면으로 본체를 세워 모서리에 맞춰 선을 긋습니다.

105 양쪽 모두 선을 따라 자른 뒤 가죽지를 붙입니다.

106 안쪽 모서리에 직각으로 자를 대고 선을 긋습니다.

107 선을 판지의 두께만큼 띄운 지점까지 자릅니다.

108 모서리를 45도로 돌려 자르고 가죽지를 안으로 접어 붙입니다.

작은 칸의 실치수를 측정해 0.8mm 판지로 뚜껑 판지를 준비합니다.

뚜껑 판지에 장식지를 붙이고, 시접을 안으로 접어 붙입니다.

판지에 피어스를 끼울 구멍을 뚫습니다.

패브릭지를 시접 없이 붙입니다.

뒤집어서 송곳으로 구멍을 뚫고 피어스를 끼웁니다.

손잡이를 붙입니다.

작은 칸의 바닥에 뚜껑을 넣어 테프론 주걱으로 접음선을 만듭니다.

강력접착제로 뚜껑을 붙이고, 그 위에 가죽지를 붙여 안쪽 바닥을 처리합니다.

스펀지를 자르고 기모 원단으로 감싸 반지꽂이를 만듭니다.

큰 칸에 세팅하고 중앙에 리본으로 장식합니다.

본체에 반지꽂이를 세팅하면 완성.

도안과 제작 방법
Schémas et explications

- ◆ 완성 사이즈와 도안의 치수는 밀리미터(㎜) 단위입니다.
- ◆ 판지 등 두꺼운 종이의 기본 시접은 1.5㎝이며, 켄트지 등 얇은 종이의 기본 시접은 1㎝입니다.
- ◆ 이 책에서는 2.5㎜ 판지, 3㎜ 판지, 0.8㎜ 판지를 사용하고 있습니다. 다른 두께의 판지를 사용한다면 두께에 맞춰 도안의 치수를 재조정하세요.
- ◆ 도안에 2.5㎜ 판지는 따로 표기하지 않았습니다.
- ◆ 서랍, 속상자, 뚜껑, 중간판 등은 조립 후 반드시 사용하는 원단이나 종이의 두께를 고려해 치수를 재조정하세요.
- ◆ 옆면 처리용 켄트지와 장식용 원단, 장식지 등의 사이즈는 표기하지 않았습니다. 실치수를 측정해 준비하세요.
- ◆ 작품 제작의 난이도는 메인 작품에 한하며, 세트인 보조 작품은 따르지 않습니다.
- ◆ 소개한 작품에서 쓰인 재료와 사이즈를 그대로 표기했습니다. 자유롭게 변형해 독창적인 작품을 만들어보세요.

본서에 게재된 작품을 키트 판매, 옥션 판매, 스쿨 운영 등의 영리 목적 또는 작품전 등의 출품 목적으로 복제·이용하는 것을 금지합니다.

4월 다이아몬드 *Diamant - April*

Main No.1 다이아몬드 보석함

◆ 재료
2.5mm 판지, 3mm 판지, 0.8mm 판지, 켄트지, 코튼, 벨루어, 산양 가죽, 끈, 리본, 손잡이, 스펀지

◆ 완성 사이즈
대…가로 300×세로 170×높이 335mm
소…가로 300×세로 170×높이 305mm

◆ 판지 사이즈
[대]
[본체]
- 윗면 A…1장
- 바닥 B…1장
- 옆면 C…710×330mm 2장

[속상자]
- 바닥 D…135×85mm 1장
- 옆면 E…130×325mm 2장
- 옆면 F…85×325mm 2장
- 뚜껑 G…147×94mm 1장
※ 서랍은 속상자 조립 후 실치수를 측정하여 만든다.

[소]
[본체]
- 윗면 A…1장
- 바닥 B…1장
- 옆면 C…710×330mm 2장

[속상자]
- 바닥…135×85mm 1장
- 옆면…130×295mm 2장
- 옆면…85×295mm 2장
- 뚜껑…147×94mm 1장

◆ 만드는 순서
1. 윗면 A에 도안의 표시선 대로 서랍용 창을 만든다.
2. 윗면 A는 가죽에, 바닥 B는 켄트지에 본뜬다.
3. 서랍용 창에 맞춰 서랍이 들어갈 속상자를 만든다.
4. 속상자의 길이에 맞춰 옆면 C의 길이를 조정한다.
5. 조정한 옆면 C를 윗면 A에 붙이고 크래프트 처리한다.
6. 그 위에 옆면 C 1장을 더 포개 붙이고, 바닥 B를 붙인다.
7. 앞면에 해당하는 면에 장식지를 붙이고, 뒷면에 가죽을 시접 없이 붙인다.
8. 속상자의 안쪽에 켄트지 처리한 패브릭지를 붙인다.
9. 3에서 본뜬 가죽을 윗면에 붙인다.
10. 원단에 3에서 본뜬 켄트지를 붙여 바깥쪽 바닥을 처리한다.
11. 속상자의 안치수를 측정해 판지로 서랍을 만든다.
12. 서랍에 뚜껑 G를 붙이고 손잡이를 단다.
13. 대 사이즈는 서랍의 안쪽에 고리를 설치한다.
14. 소 사이즈는 서랍에 칸막이를 설치하고, 단에 얹을 작은 상자를 만든다.
15. 작은 상자 안에 반지꽂이 등을 만들어 장식하면 완성.

Set No.2 눈 모양 상자 (메인 보석함에 수납 가능)

◆ 재료
2.5mm 판지, 0.8mm 판지, 켄트지, 무늬 원단, 벨루어, 산양 가죽, 얇은 끈, 거울

◆ 완성 사이즈
가로 120×세로 55×높이 40mm

◆ 판지 사이즈
- 뚜껑·바닥 H…2장
- 옆면 I…260×20mm 2장
- 안옆면 J…260×25mm 1장
- 뚜껑 옆면 K…260×13mm 2장

◆ 만드는 순서
1. 뚜껑 H와 바닥 H를 각각 켄트지와 가죽에 본뜬다.
2. 뚜껑 H에 뚜껑 옆면 K를 1장씩 포개서 붙인다.
3. 바닥 H에 옆면 I를 1장씩 포개서 붙인다.
4. 각각의 옆면에 무늬 원단을 붙인다.
5. 뚜껑 안쪽과 바닥 안쪽에 벨루어를 시접 없이 붙인다.
6. 패브릭지에 안옆면 J를 조정해 붙인다.
7. 1에서 본뜬 가죽을 뚜껑에 붙인다.
8. 1에서 본뜬 켄트지를 원단에 붙여 바깥쪽 바닥을 처리한다.
9. 장식 패브릭지 등을 붙여 자유롭게 장식한다.

Main No.1 다이아몬드 보석함

본체

윗면A

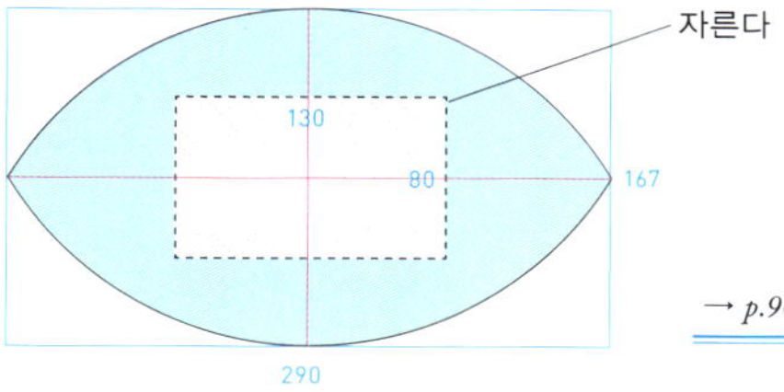
중심선
자른다
130
80
167
290

→ p.90에 실치수 도안

바닥B

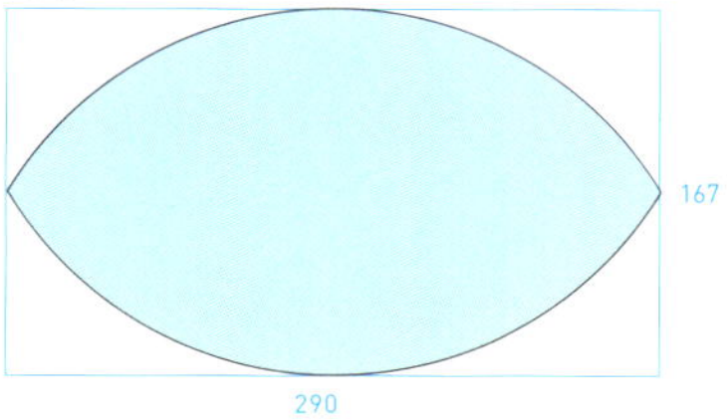
167
290

옆면C [0.8㎜ 판지] (2장)

330
710

속상자(대)

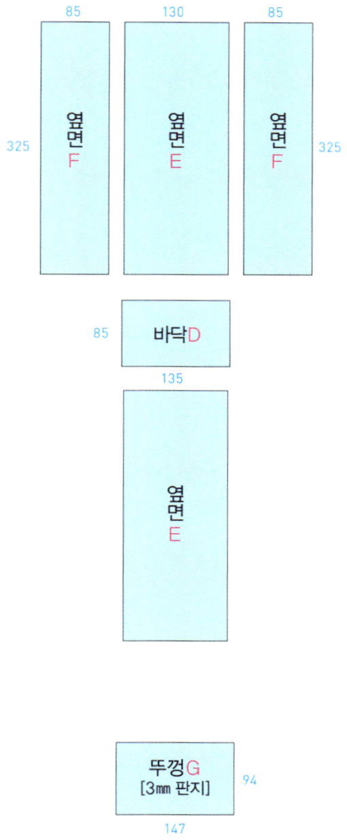
85
130
85
325
옆면F
옆면E
옆면F
325
85
바닥D
135
옆면E
뚜껑G
[3㎜ 판지]
94
147

Set No.2 눈 모양 상자

뚜껑·바닥H (2장)

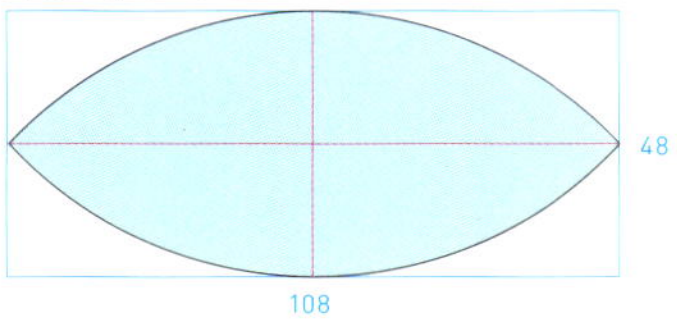
48
108

→ p.90에 실치수 도안

옆면I [0.8㎜ 판지] (2장)

20
260

안옆면J [0.8㎜ 판지] (2장)

25
260

뚜껑 옆면K [0.8㎜ 판지] (2장)

13
260

뚜껑 위 장식 패브릭지

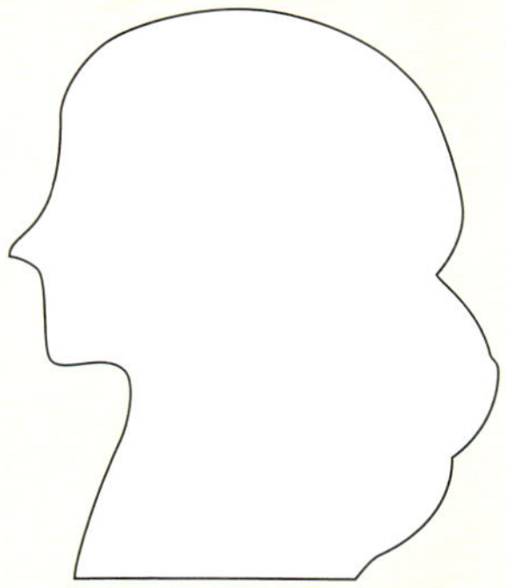

※실치수 도안

5월 에메랄드 *Emeraude - May*

Main No.3 에메랄드 보석함

◆ 재료
3mm 판지, 2.5mm 판지, 0.8mm 판지, 프랑스 자수, 두꺼운 코튼, 패브릭지, 손잡이, 장식 끈, 장식 깃털, 리본

◆ 완성 사이즈
지름 270×높이 210mm

◆ 판지 사이즈
- 뚜껑·바닥 A···2장
- 뚜껑 윗면·받침판 B···본체보다 5mm 크게 2장
- 옆면 C···830×200mm 2장
- 문 D···2장

※ 속상자는 2.5mm 판지로 문에 맞춰 만든다.
※ 서랍은 속상자의 실치수를 측정하여 만든다.

◆ 만드는 순서
1. 옆면 C의 길이를 조정해 서랍용 창을 뚫고, 바닥 A에 1장씩 포개어 붙인다.
2. 서랍용 창에 맞춰 속상자를 만들고 위아랫면을 둥글게 다듬는다.
3. 속상자와 옆면 C를 크래프트 처리하고, 뚜껑 A를 붙인다.
4. 옆면에 장식지를 붙이고, 서랍용 창 부분은 잘라서 시접을 상자 안으로 넣어 붙인다.
5. 20mm 길게 낸 문 D에 장식지를 붙이고 손잡이를 단다. 이때, 이음매 쪽의 시접은 붙이지 않는다.
6. 약간 작게 준비한 문 D에도 장식지를 붙이고, 5의 손잡이 안쪽을 가리며 맞붙인다. 이음매 쪽 시접은 붙이지 않는다.
7. 문 D의 시접을 속상자에 붙여 연결한다.
8. 시접을 단단히 누르며 켄트지 처리한 패브릭지로 속상자 안쪽을 처리한다.
9. 속상자의 안치수에 맞춰 서랍을 만든다.
10. 뚜껑 윗면 B와 받침판 B에 장식지를 붙이고, 손잡이를 단다.
11. 켄트지 처리한 장식지로 바깥쪽 바닥을 처리한다.
12. 본체의 가장자리에 장식 끈을 두르고 자유롭게 장식한다.

Set No.4 클러치 상자

◆ 재료
2.5mm 판지, 0.8mm 판지, 켄트지, 두꺼운 코튼, 패브릭지, 기모 패브릭지, 얇은 자석, 장식 끈, 장식 깃털, 장식술, 리본, 거울

◆ 완성 사이즈
가로 197×세로 80×높이 50mm

◆ 판지 사이즈
- 바닥 E···1장
- 뚜껑·받침판 F···2장
- 안쪽 등 G···185×38mm 1장
- 바깥쪽 등 H···197×40mm 1장
- 옆면 I···265×40mm 2장

◆ 만드는 순서
1. 바닥 E, 안쪽 등 G, 옆면 I(2장)을 조립한다.
2. 장식지를 붙인 칸막이를 설치하고, 옆면에 장식지를 붙인다.
3. 안쪽에 켄트지 처리한 원단을 붙이고, 등에 샤르니에(패브릭지)를 붙여둔다.
4. 원단에 '뚜껑 F−바깥쪽 등 H−받침판 F'의 순서로 붙인다(판지 간의 간격은 원단의 두께).
5. 뚜껑 위에 리본과 자석받침을 달아 본체를 완성한다.
6. 본체에 속상자를 붙이고, 샤르니에로 뚜껑을 연결한다.
7. 샤르니에 위에 켄트지 처리한 장식지를 붙인다.
8. 속상자에 반지꽂이 등을 만들고, 자유롭게 장식한다.

Main No.3 에메랄드 보석함

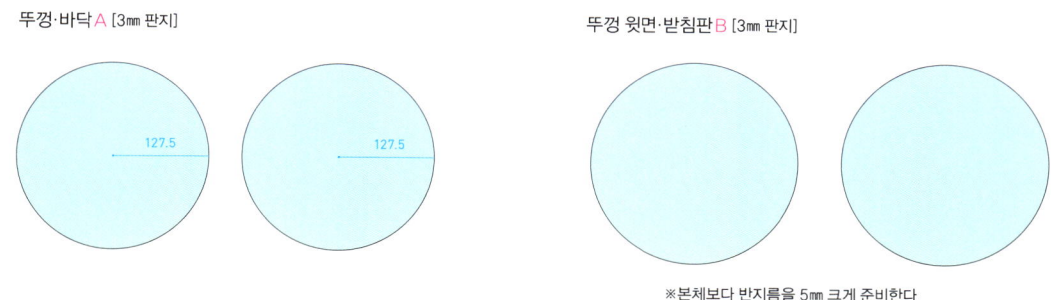

Set No.4 클러치 상자

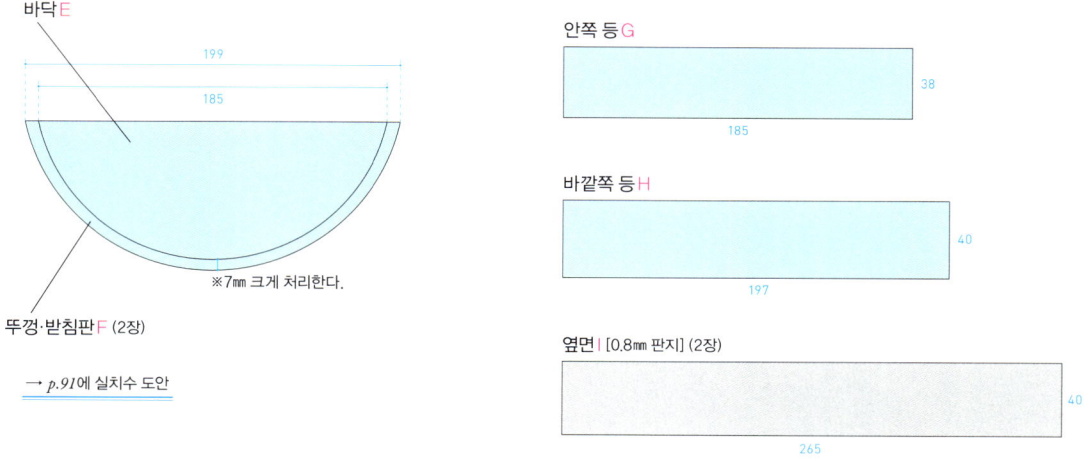

6월 펄 *Perle – June*

Main No.5 펄 보석함

◆ 재료
2.5mm 판지, 켄트지, 패브릭지, 마 원단, 튤, 펄 단추,
장식 끈, 거울

◆ 완성 사이즈
가로 210×세로 160×높이 150mm

◆ 판지 사이즈
[본체]
- 바닥 A … 150×120mm 1장
- 옆면 B … 2장
- 옆면 C … 2장
※돋움판은 실치수를 측정하여 만든다.

[뚜껑]
- 뚜껑 D … 150×90mm 1장
- 옆면 E … 2장
- 옆면 F … 2장

◆ 만드는 순서
1. 본체를 조립하고 크래프트 처리한다.
2. 옆면에 켄트지 처리한 장식지를 붙인다.
3. 입구에 튤을 두르고 장식지의 위쪽 시접과 함께 상자 입구로 접어 붙인다.
4. 뚜껑을 조립하고 뚜껑의 옆면에 켄트지 처리한 장식지를 붙인다.
5. 본체와 뚜껑을 샤르니에(패브릭지) 처리한다.
6. 본체의 안치수를 잰 뒤, 켄트지 처리한 장식지로 '바닥 A – 옆면 B – 옆면 C'의 순서로 안쪽을 처리한다.
7. 옆면 B의 안치수를 측정해 돋움판을 준비한다.
8. 돋움판에 패브릭지를 붙이고 옆면 B에 부착한다.
9. 뚜껑의 안치수를 잰 뒤, 켄트지 처리한 장식지로 '뚜껑 D – 옆면 E – 옆면 F'의 순서로 안쪽을 처리한다.
10. 돋움판에 얹을 속상자를 만든다.
11. 켄트지 처리한 장식지로 바깥쪽 바닥을 처리한다.
12. 펄 단추로 다리를 만들고, 본체의 입구에 튤을 눌러주는 역할을 겸하는 장식 끈을 붙인다.
13. 뚜껑 안쪽에 거울을 붙이고 자유롭게 장식한다.

Set No.6 시계 상자

◆ 재료
2.5mm 판지, 켄트지, 마 원단, 패브릭지, 장식 끈,
펄 단추, 시계, 자석

◆ 완성 사이즈
가로 135×세로 45×높이 100mm

◆ 판지 사이즈
- 앞면·뒷면 G … 2장
- 옆면 H … 350×45mm 1장
※속상자와 서랍은 원하는 크기로 만든다.

◆ 만드는 순서
1. 앞면 G의 각 변의 치수를 옆면 H에 옮기고 칼집을 넣는다.
2. 앞면 G에 원하는 크기로 서랍용 창을 내고, 시계를 세팅할 위치 안쪽에 자석을 붙인다.
3. 서랍용 창에 맞춰 속상자를 만들고 크래프트 테이프로 연결한다.
4. 시계를 부착할 곳에 판지를 살짝 벗기고, 본체를 조립한다.
5. 앞면과 뒷면에 장식지를 붙이고, 창 부분은 잘라서 시접을 속상자 안으로 접어 붙인다.
6. 옆면에 켄트지 처리한 장식지를 붙인다.
7. 속상자의 크기에 맞춰 서랍을 만든다.
8. 펄 단추로 다리를 만들고 가장자리에 장식 끈을 두른다.
9. 시계를 세팅하면 완성.

Main No.5 펄 보석함

본체

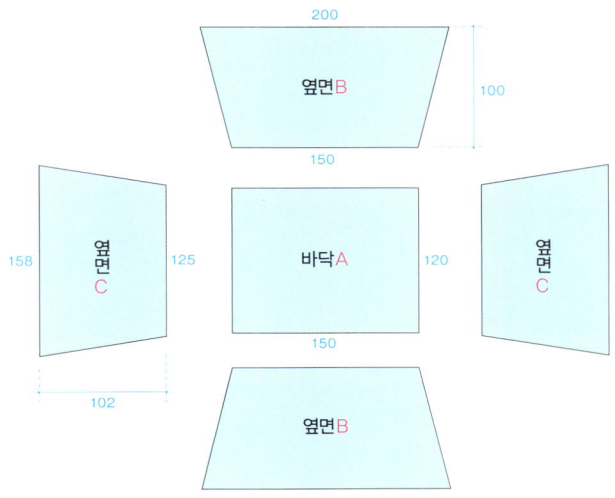

뚜껑

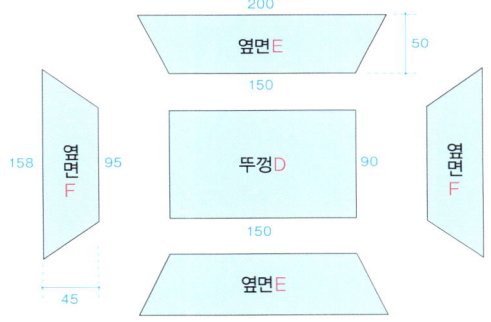

Set No.6 시계 상자

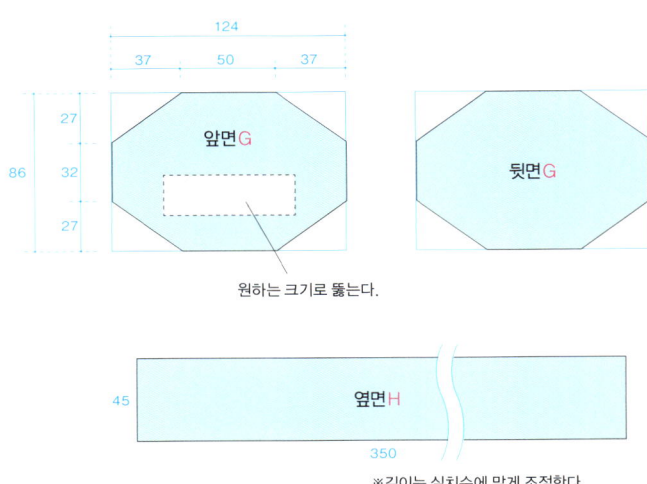

원하는 크기로 뚫는다.

※길이는 실치수에 맞게 조정한다.

7월 루비 *Rubis – July*

Main ▸ No.7 루비 보석함

◆ 재료
2.5mm 판지, 켄트지, 가죽지, 무늬지, 패브릭지, 거울

◆ 완성 사이즈
가로 123×세로 120×높이 125mm

◆ 판지 사이즈

[본체]
- 뚜껑·바닥 A…122.5×120mm 2장
- 등 B…117.5×120mm 2장
- 옆면 C…117.5×117.5mm 2장
  ※옆면은 대각선으로 잘라 삼각형 4장을 만든다.

[속상자]
- 바닥 D…110×110mm 1장
- 등 E…107.5×110mm 1장
- 옆면 F…107.5×107.5mm 1장
  ※옆면은 대각선으로 잘라 삼각형 4장을 만든다.
  ※속상자의 돋움판, 작은 상자, 서랍은 자유롭게 만든다.

◆ 만드는 순서
1. 바닥 A와 등 B, 삼각형으로 자른 옆면 C를 조립한다.
2. 같은 방법으로 뚜껑 A와 등 B, 삼각형으로 자른 옆면 C를 조립한다.
3. 두 상자의 바깥면에 가죽지를 붙이고, 등을 샤르니에(패브릭지) 처리한다.
4. 켄트지 처리한 가죽지로 안쪽을 처리한다.
5. 본체의 사이즈에 맞춰 속상자를 조립한다.
6. 속상자의 바깥면에 장식지를 붙이고, 켄트지 처리한 장식지로 안쪽을 처리한다.
7. 속상자와 본체를 자유롭게 장식하면 완성.

Set ▸ No.8 휴대용 서랍 (메인 보석함에 수납 가능)

◆ 재료
2.5mm 판지, 켄트지, 가죽지, 패브릭지, 기모 패브릭지, 손잡이

◆ 완성 사이즈
가로 94×세로 99×높이 31mm

◆ 판지 사이즈
- 뚜껑·바닥 G…94×96mm 2장
- 등 H…25×96mm 2장
- 옆면 I…94×30mm 2장
※서랍은 본체에 가죽지까지 붙이고 나서 실치수를 측정해 만든다.

◆ 만드는 순서
1. 각 세팅한 판지에 판지 두께만큼 안쪽으로 선을 긋고, 안치수에 맞춰 패브릭지를 붙인다.
2. 패브릭지를 붙인 면을 안쪽으로 해 조립한다.
3. 바깥면에 가죽지를 붙인다.
4. 본체의 안치수에 맞춰 서랍을 만든다.
5. 서랍을 패브릭지로 감싼다(감싸는 법은 p.64 '반지꽂이 만드는 과정' 참조).
6. 앞면에 손잡이를 달고 안쪽에 패브릭지를 붙인다.
7. 켄트지 처리한 기모 패브릭지를 바닥에 붙이면 완성.

Main No.7 루비 보석함

본체

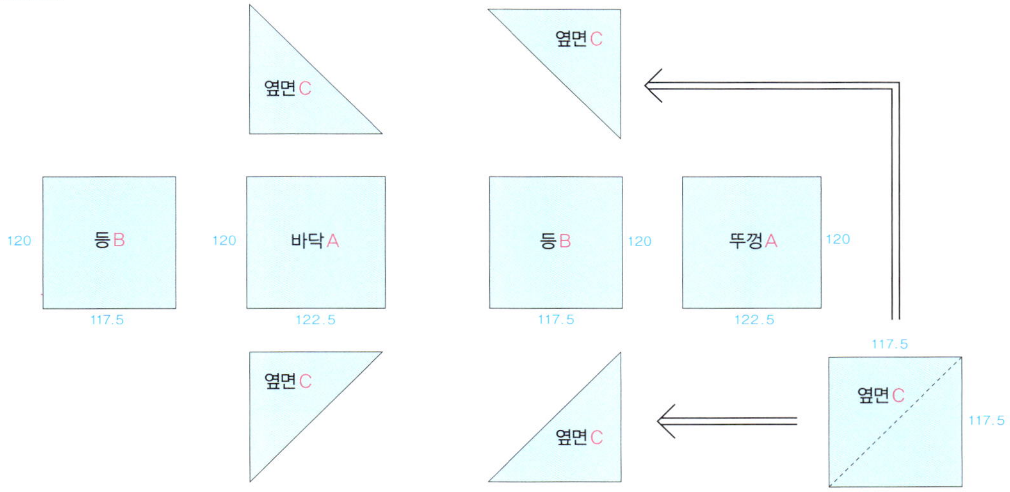

- 옆면 C (삼각형)
- 옆면 C (삼각형)
- 등 B: 120 × 117.5
- 바닥 A: 120 × 122.5
- 등 B: 120 × 117.5
- 뚜껑 A: 120 × 122.5
- 옆면 C (삼각형)
- 옆면 C (삼각형)
- 옆면 C: 117.5 × 117.5

※옆면은 대각선으로 커팅한다.

속상자

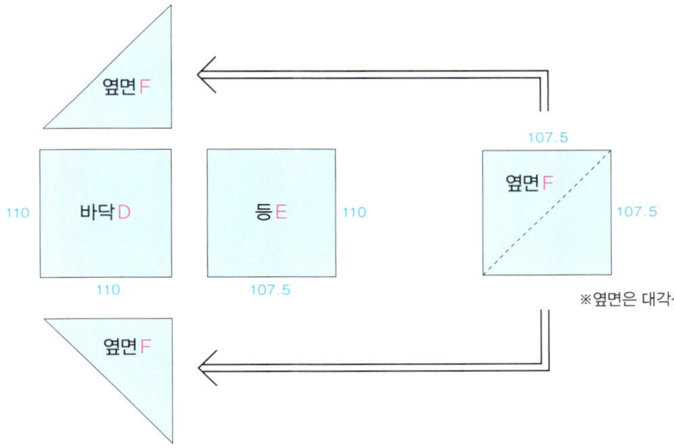

- 옆면 F (삼각형)
- 바닥 D: 110 × 110
- 등 E: 110 × 107.5
- 옆면 F: 107.5 × 107.5
- 옆면 F (삼각형)

※옆면은 대각선으로 커팅한다.

Set No.8 휴대용 서랍

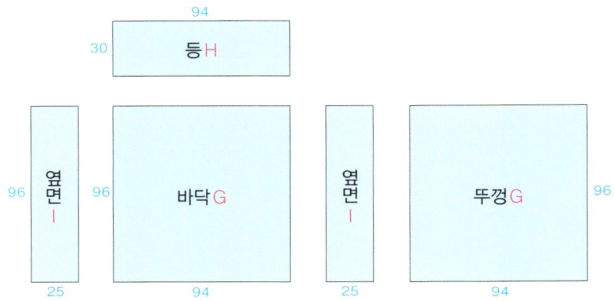

- 등 H: 30 × 94
- 옆면 I: 96 × 25
- 바닥 G: 96 × 94
- 옆면 I: 96 × 25
- 뚜껑 G: 96 × 94

8월 페리도트 *Peridot – August*

Main No.9 페리도트 보석함

◆ 재료
2.5mm 판지, 3mm 판지, 0.8mm 판지, 켄트지, 패브릭지, 기모 패브릭지, 테이블 클로스, 키친 클로스, 원단 냅킨, 스티커, 거울, 투명 비즈, 손잡이

◆ 완성 사이즈
가로 465×세로 325×높이 110mm

◆ 판지 사이즈
- 위 뚜껑·바닥A…420×320mm 2장
- 등B…1장
- 옆면C…100×317.5mm 2장
- 앞 뚜껑D…413×100mm 1장
- 곡선E…6장
- 옆면F…120×320mm 4장
- 세로 칸막이…277×50mm 2장
- 가로 칸막이…57×50mm 2장
- 아래판(서랍을 얹을 판)…301×277mm 1장
- 중간판(칸막이 상자를 얹을 판)…415×277mm 1장

◆ 만드는 순서
1. 바닥A, 등B, 옆면C를 조립한다.
2. 옆면C의 바깥쪽에 곡선E를 균일한 간격으로 붙인다. 이때, 앞뒤에 붙이는 곡선E는 앞뒤의 가장자리에 맞춘다.
3. 곡선E 위로 옆면F를 2장씩 포개어 붙인다.
4. '바닥A-앞 뚜껑D', '등B-위 뚜껑A'를 샤르니에(패브릭지) 처리한다.
5. 위 뚜껑A의 바깥쪽에 무늬 원단을 붙이고, 뒤쪽 시접을 등B에 단단히 붙인다.
6. 등B의 바깥쪽에 켄트지 처리한 원단을 붙인다.
7. 바닥에 붙일 세로 칸막이와 가로 칸막이를 조립한다(칸막이는 속상자 역할).
8. 칸막이에 패브릭지를 붙이고 본체 바닥에 고정한다.
9. 아래판에 패브릭지를 붙이고 본체 바닥에 고정한다.
10. 좌우의 곡선에 패브릭지를 붙이고, 안쪽에 리본을 단다.
11. 볼록한 옆면에 켄트지 처리한 무늬 원단을 붙인다.
12. 중간판에 패브릭지를 붙이고, 본체에 고정한다. 그리고 그 위에 켄트지 처리한 원단을 붙인다.
13. 앞 뚜껑의 샤르니에 위에 켄트지 처리한 원단을 붙이고 본체와 연결한다.
14. 켄트지 처리한 원단으로 위 뚜껑 안쪽을 처리한다.
15. 중간판 위에 여러 가지 상자를 만들어 세팅한다.
16. 아래판과 중간판 사이에 맞춰 서랍을 만든다.
17. 서랍을 세팅하고, 자유롭게 장식하면 완성.

Set No.10 지갑 모양 상자 (메인 보석함에 수납 가능)

◆ 재료
2.5mm 판지, 켄트지, 패브릭지, 기모 패브릭지, 키친 클로스, 리본, 솜, 펠트, 얇은 자석

◆ 완성 사이즈
가로 225×세로 106×높이 30mm

◆ 판지 사이즈
- 뚜껑G…1장
- 윗면H…223×30mm 1장
- 등I…223×104mm 1장
- 바닥J…223×30mm 1장
- 앞면K…223×65mm 1장
- 옆면L…30×104mm 2장

◆ 만드는 순서
1. 뚜껑G를 켄트지에 본뜬다.
2. 원단에 '앞면K-바닥J-등I-윗면H-뚜껑G'의 순서로 붙인다(판지 간의 간격은 원단의 두께).
3. 1에서 본뜬 켄트지에 원단을 붙이고, 아래쪽 시접을 윗면H에 붙여 뚜껑 안쪽을 처리한다.
4. 윗면H도 켄트지 처리한 원단을 붙여 안쪽을 처리하고, 아래쪽 시접을 등I에 붙인다.
5. 앞면K에 자석받침을 세팅하고, 옆면L을 붙인다.
6. 켄트지 처리한 원단으로 옆면L의 안쪽을 처리하고, 보이는 곳의 시접은 켄트지에, 보이지 않는 곳의 시접은 본체에 붙인다.
7. 등I도 켄트지 처리한 원단을 붙여 안쪽을 처리하고, 아래쪽 시접을 바닥J에 붙인다.
8. 켄트지 처리한 원단으로 앞면K와 바닥J를 시접 없이 처리한다.
9. 뚜껑에 자석을 단다.
10. 원하는 크기로 속상자를 만들고 자유롭게 장식한다.

Main No.9 페리도트 보석함

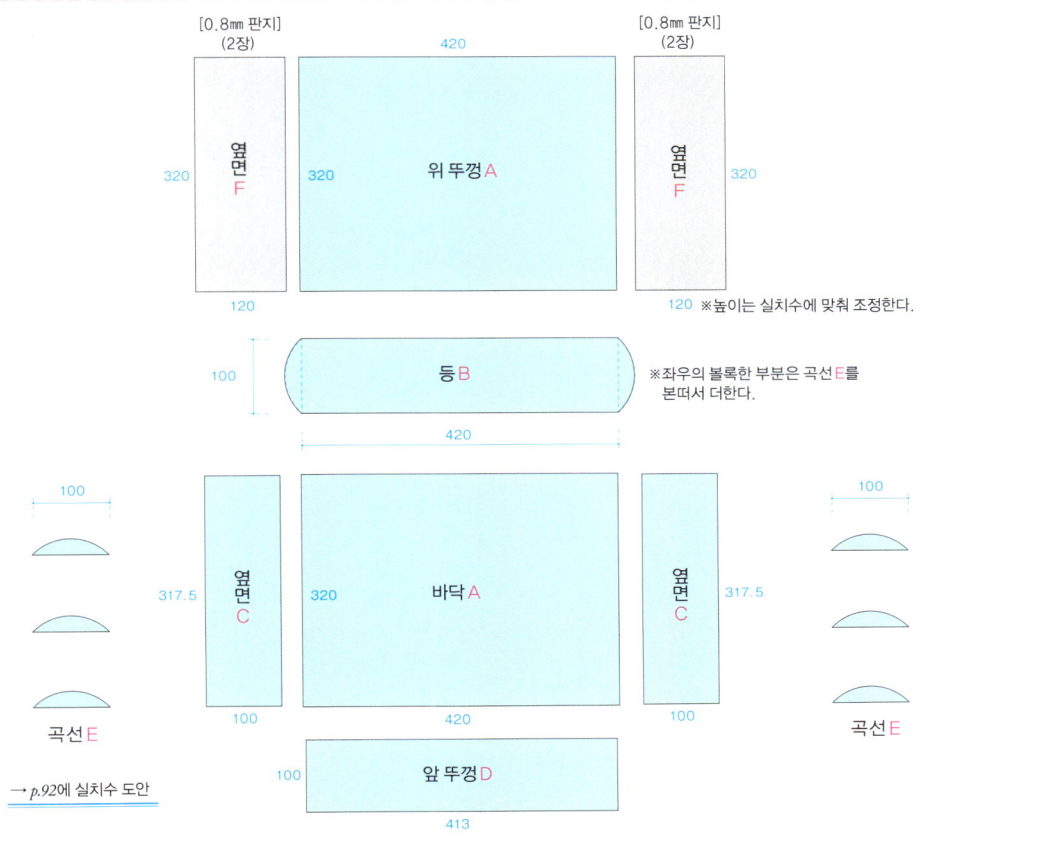

Set No.10 지갑 모양 상자

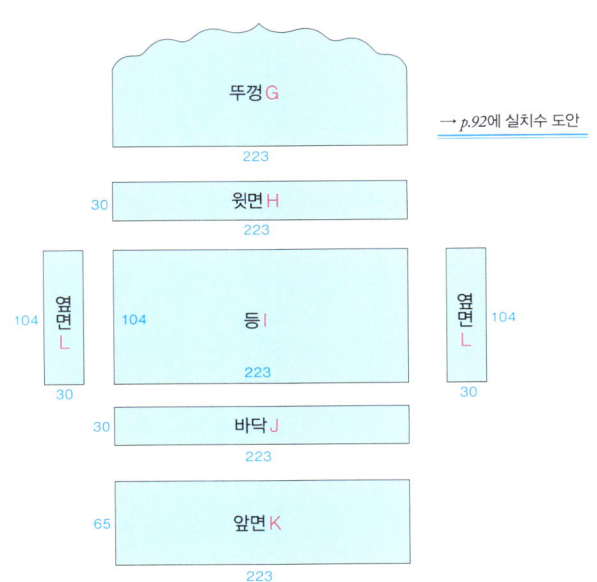

9월 사파이어 *Saphir – September*

Main No.11 사파이어 보석함

◆ 재료
2.5mm 판지, 켄트지, 실크, 기모 패브릭지, 레이스, 꽃 장식

◆ 완성 사이즈
- 대…한 변이 80인 오각형(받침판 한 변 87)×높이 55mm
- 소…한 변이 75인 오각형(받침판 한 변 83)×높이 35mm

◆ 판지 사이즈

[대]
- 바닥 A…1장
- 뚜껑 B…1장
- 받침판 C…1장
- 뚜껑 옆면 D…390×50mm 1장
- 옆면 E…350×30mm 1장

[소]
- 바닥 F…1장
- 뚜껑 G…1장
- 받침판 H…1장
- 뚜껑 옆면 I…355×30mm 1장
- 옆면 J…330×20mm 1장

◆ 만드는 순서
1. 바닥 A 다섯 변의 치수를 옆면 E에 옮기고 칼집을 낸다.
2. 바닥 A와 옆면 E를 조립한다.
3. 옆면에 장식 원단을 붙이고 시접을 처리한다.
4. 안쪽 바닥에 장식지를 붙이고 시접을 옆면에 붙인다.
5. 안쪽 옆면에 기모 패브릭지를 붙인다.
6. 받침판 C에 바로 장식 원단을 붙이고, 켄트지 처리한 장식 원단으로 바깥쪽 바닥을 처리한다.
7. 받침판을 본체에 붙인다.
8. 위와 같은 방법으로 뚜껑을 만든다.
9. 뚜껑과 뚜껑 옆면을 장식하면 완성.

Main No.11 사파이어 보석함

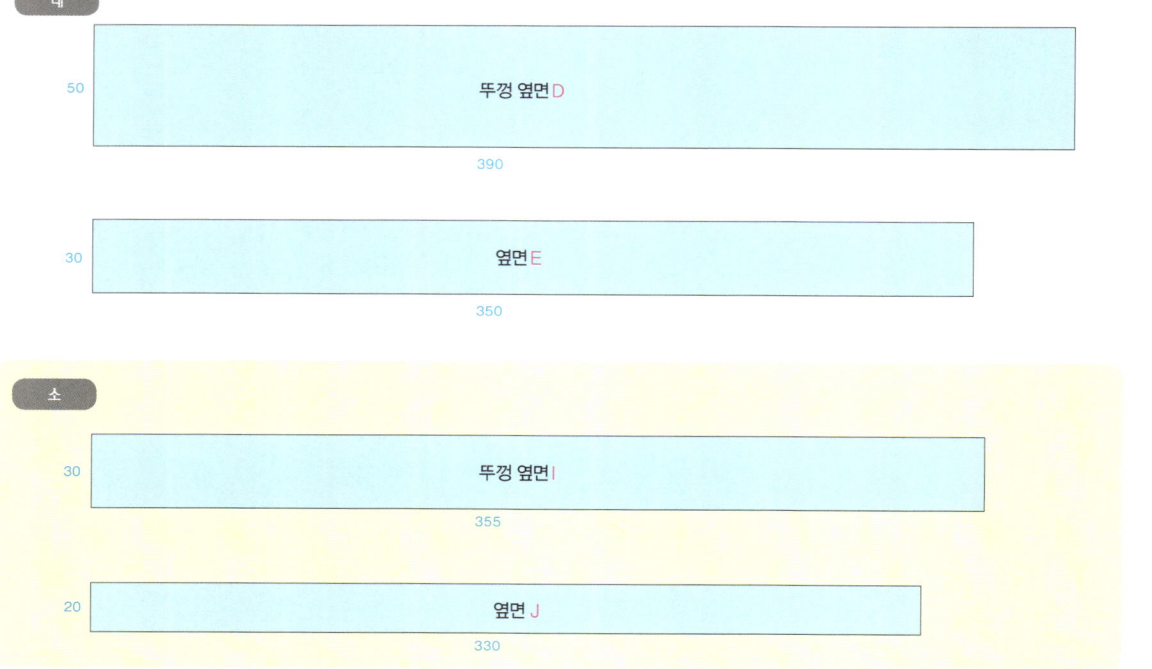

※300% 확대하면 실치수 도안

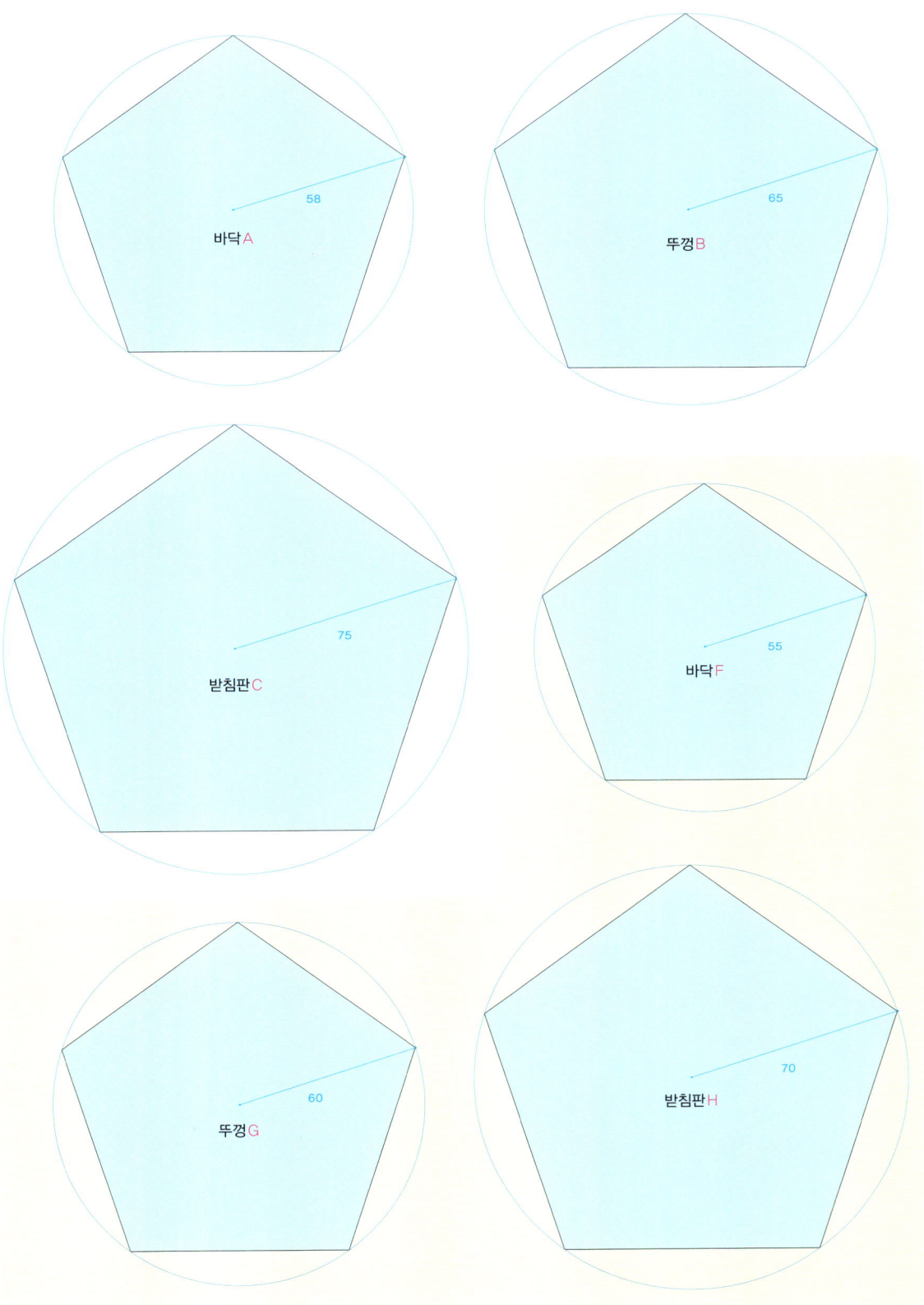

※200% 확대하면 실치수 도안

10월 오팔 *Opale – October*

Main　No.12 오팔 보석함

◆ **재료**
2.5mm 판지, 3mm 판지, 켄트지, 패브릭지, 벨루어,
리본 자수, 자수실, 펠트 장식

◆ **완성 사이즈**
가로 200×세로 70×높이 90mm

◆ **판지 사이즈**
- 바닥 A ··· 190×70mm 2장
- 옆면 B ··· 190×40mm 4장
- 옆면 C ··· 40×65mm 4장
- 뚜껑 D ··· 200×80mm 1장
- 뚜껑 받침 E ··· 184×64mm 1장
- 바닥 받침 F ··· 183×63mm 1장
- 칸막이 G ··· 35×65mm 1장

◆ **만드는 순서**
1. 바닥 A와 옆면 B, C를 조립해 상단과 하단 상자를 만든다.
2. 상단 상자에 패브릭지를 붙인 칸막이 G를 고정한다.
3. 옆면에 패브릭지를 붙이고, 위쪽 시접은 띠 처리한다. 칸막이가 닿는 부분도 판지의 두께에 맞춰 잘라 안으로 붙인다.
4. 켄트지 처리한 패브릭지로 안쪽 바닥을 처리한다.
5. 하단 상자도 같은 방법으로 처리한다.
6. 자수를 놓은 패브릭지를 뚜껑 D에 붙이고 시접을 모두 안으로 접어 붙인다.
7. 뚜껑 받침 E에 패브릭지를 붙이고, 뚜껑 D의 바닥면에 붙인다.
8. 바닥 받침 F에 패브릭지를 붙이고, 바닥 A에 붙인다.
9. 패브릭지로 바깥쪽 바닥을 처리한다.
10. 상단 상자와 하단 상자를 세팅하고, 자유롭게 장식하면 완성.

Set　No.13 베이직 상자

◆ **재료**
2.5mm 판지, 켄트지, 패브릭지, 벨루어, 펠트 장식, 자석

◆ **완성 사이즈**
가로 90×세로 42×높이 42mm

◆ **판지 사이즈**
- 바닥 H ··· 90×40mm 1장
- 앞면·등 I ··· 90×35mm 2장
- 옆면 J ··· 30×35mm 2장
- 뚜껑 K ··· 90×40mm 1장
- 덧뚜껑 L ··· 1장

◆ **만드는 순서**
1. 바닥 H, 앞면·등 I, 옆면 J를 조립하고, 덧뚜껑 L과 뚜껑 K를 켄트지에 본뜬다.
2. 옆면에 패브릭지를 두른 후, 앞면을 제외한 면의 시접을 모두 안으로 접어 붙인다.
3. 등의 안쪽에 샤르니에(패브릭지)를 붙여둔다.
4. 패브릭지에 '덧뚜껑 L−뚜껑 K'의 순서로 붙인다(판지 간의 간격은 패브릭지의 두께).
5. 뚜껑의 뒤쪽 시접을 덧뚜껑의 폭만큼 되접어 접착제로 고정하고, 나머지 시접은 모두 안으로 접어 붙인다.
6. 뚜껑의 뒤쪽 시접을 본체에 붙여 연결한다.
7. 뚜껑을 열어 3의 샤르니에를 연결하고, 켄트지 처리한 패브릭지로 안쪽 바닥을 처리한다.
8. 패브릭지에 1에서 본뜬 덧뚜껑 켄트지를 붙인 뒤, 자석을 부착해 덧뚜껑 안쪽을 처리한다.
9. 앞면 I의 안쪽에 자석받침을 붙이고, 2에서 남겨두었던 시접을 접어 붙인다.
10. 반지꽂이 등을 만들고, 자유롭게 장식해 완성한다.

Main No.12 오팔 보석함

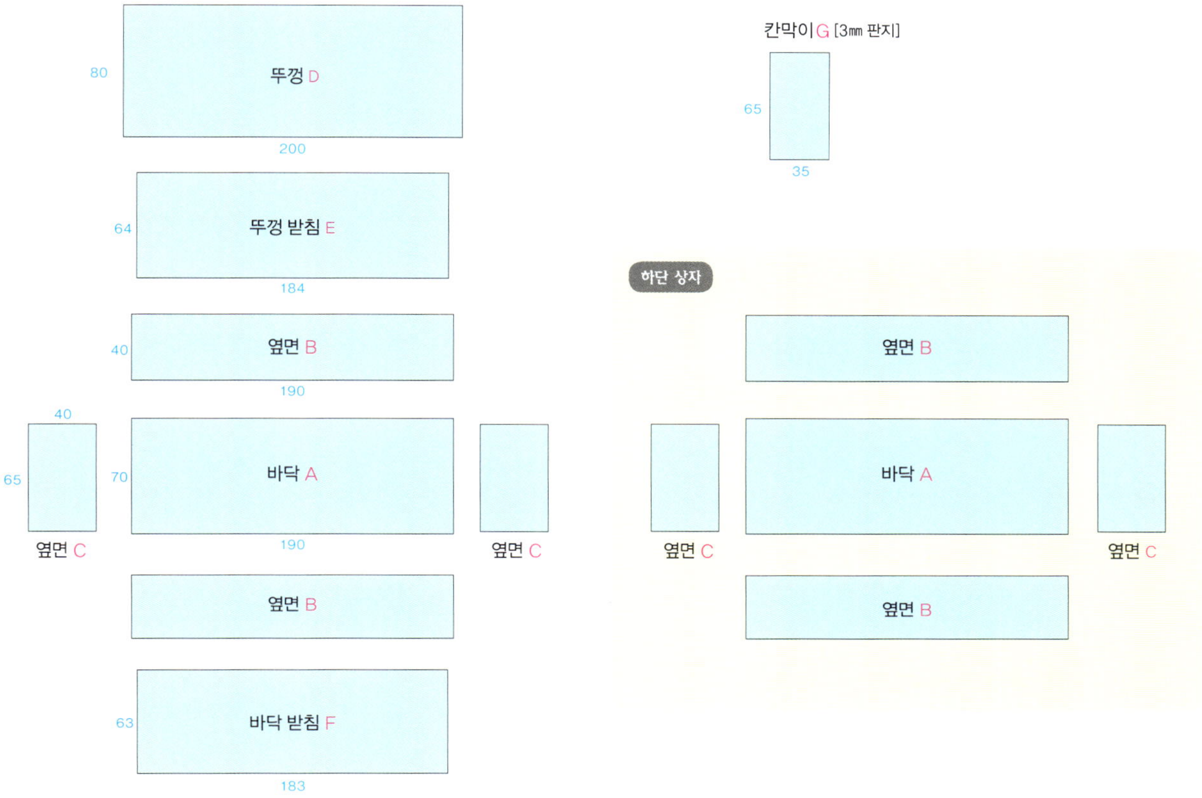

뚜껑 D
80
200
뚜껑 받침 E
64
184
옆면 B
40
190
40
65
옆면 C
바닥 A
70
190
옆면 C
옆면 B
바닥 받침 F
63
183
칸막이 G [3㎜ 판지]
65
35
하단 상자
옆면 B
옆면 C
바닥 A
옆면 C
옆면 B

Set No.13 베이직 상자

10
70
10
덧뚜껑 L
20
10
90
뚜껑 K
40
90
등 I
35
90
30
35
옆면 J
바닥 H
40
90
옆면 J
앞면 I

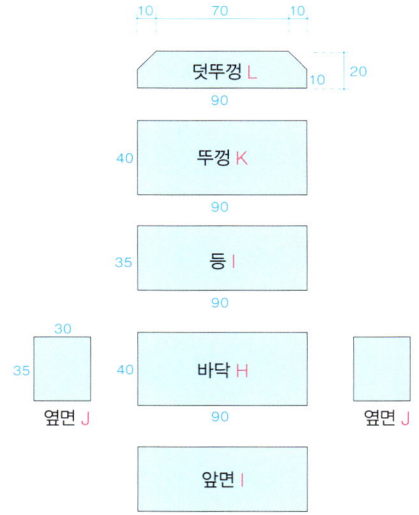

11월 토파즈 *Topaze – November*

Main No.12 토파즈 보석함

◆ 재료
3mm 판지, 켄트지, 패브릭지, 애니멀 기모 프린트 원단, 고리, 손잡이, 얇은 금속판

◆ 완성 사이즈
가로 110×세로 100×높이 280mm

◆ 판지 사이즈

[본체]
- 바닥 A…110×100mm 1장
- 옆면 B…110×280mm 2장
- 옆면 C…94×280mm 2장

[속상자]
- 바닥 D…93×86mm 2장
- 옆면 E…86×75mm 4장
- 옆면 F…87×75mm 4장
※서랍은 속상자 조립 후 실치수를 측정하여 만든다.

[뚜껑 밑 상자]
- 돋움판 G…2장
- 돋움판 H…2장
- 뚜껑 I…1장
- 중간판 J…105×95mm 1장

◆ 만드는 순서
1. 옆면 B에 각각 서랍용 창을 낸다.
2. 서랍용 창에 속상자를 조립해 고정하고, 바닥 A에 붙인다.
3. 중간판 고정 위치(도안 참조)에 중간판 J를 붙이고 크래프트 처리한 뒤 옆면 C를 붙인다.
4. 옆면 바깥쪽에 패브릭지를 붙인다.
5. 서랍용 창은 가위로 잘라 시접을 모두 안으로 접어 붙인다.
6. 속상자의 안치수에 맞춰 서랍을 만든다. 서랍에 장식 원단을 붙이고, 손잡이를 단 뒤 켄트지 처리한 원단으로 안쪽을 처리한다.
7. 서랍의 바닥 안쪽에 50mm 정도 칼집을 넣고 얇은 금속판을 끼운다.
8. 속상자의 금속판이 닿는 부분에 칼집을 내고, 금속판을 25mm 정도 밑으로 나오게 끼운다. 그리고 서랍 안에 남아 있는 금속판을 접고 크래프트 테이프로 고정한다.
9. 켄트지 처리한 원단으로 서랍의 바닥을 처리한다.
10. 중간판에 장식 원단을 붙이고, 바깥쪽 옆면에 고리를 단다.
11. 중간판에 뚜껑의 위치를 고려해 돋움판 G, H를 붙인다.
12. 뚜껑 I에 패브릭지를 붙이고 손잡이를 단 뒤, 켄트지 처리한 원단으로 뚜껑 안쪽을 처리한다.
13. 켄트지 처리한 원단으로 바깥쪽 바닥을 처리하면 완성.

Set No.15 안경 케이스

◆ 재료
2.5mm 판지, 켄트지, 애니멀 기모 프린트 원단, 패브릭지, 고리, 리본, 거울

◆ 완성 사이즈
가로 145×세로 70×높이 50mm

◆ 판지 사이즈
- 바닥 H…140×65mm 1장
- 앞면 I…1장
- 등 J…140×39mm 1장
- 옆면 K…2장
- 뚜껑 L…140×58mm 1장
※안경의 크기에 따라 조정한다.

◆ 만드는 순서
1. 바닥 H, 앞면 I, 등 J, 옆면 K를 조립하고, 앞면과 옆면에 시접 없이 장식 원단을 붙인다.
2. 등에 샤르니에(패브릭지)를 붙인다.
3. 뚜껑 L에 칼집을 넣은 뒤, 장식 원단을 시접 없이 붙인다.
4. 뚜껑을 열고 본체의 샤르니에와 연결한다.
5. 앞면에 고리를 단다.
6. 바닥에 칼집을 내 리본을 끼우고 리본을 뚜껑 위로 둘러 앞면의 고리에 걸리는지 확인한다.
7. 확인 후 리본을 크래프트 테이프로 고정한다.
8. 켄트지 처리한 패브릭지로 '바닥 H–앞면 I–등 J–옆면 K'의 순서로 안쪽을 처리한다.
9. 장식 원단으로 뚜껑 안쪽과 바깥쪽 바닥을 처리한다.
10. 뚜껑 안쪽에 거울을 붙여 완성한다.

Main No.14 토파즈 보석함

[모두 3mm 판지]

본체

- 옆면 B: 110 × 280 (중간판 고정 위치: 15, 87, 5, 65, 50)
- 옆면 C: 280 × 94
- 바닥 A: 110 × 100
- 옆면 C: 280 × 94
- 옆면 B: 110 × 280 (15, 87, 5)

속상자

- 옆면 E: 86 × 75
- 옆면 F: 87
- 바닥 D: 93 × 86
- 옆면 F
- 옆면 E: 75

뚜껑 밑 상자

- 돋움판 G
- 중간판 J: 105 × 95
- 뚜껑 I
- 돋움판 H
- 돋움판 H
- 돋움판 G

※ 원단의 두께에 따라 달라지므로 반드시 본체의 실치수를 측정하여 준비한다.

서랍

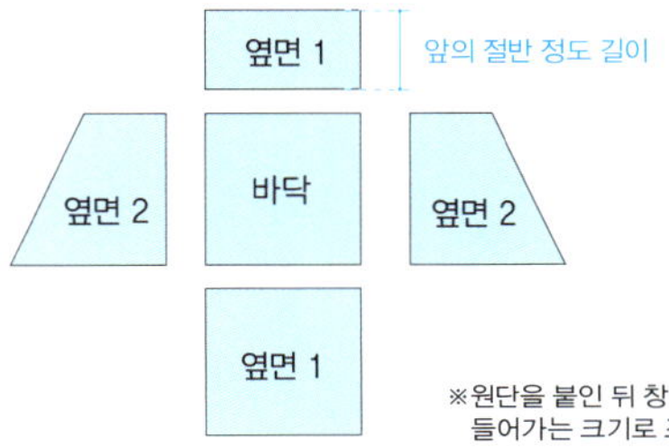

- 옆면 1
- 옆면 2
- 바닥
- 옆면 2
- 옆면 1

앞의 절반 정도 길이

※ 원단을 붙인 뒤 창에 쏙 들어가는 크기로 조정한다.

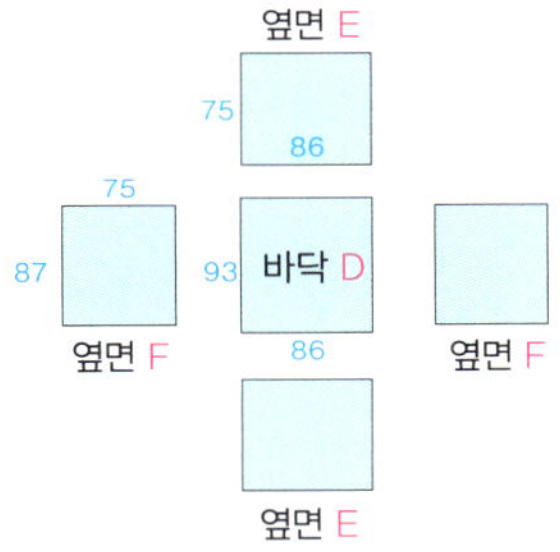

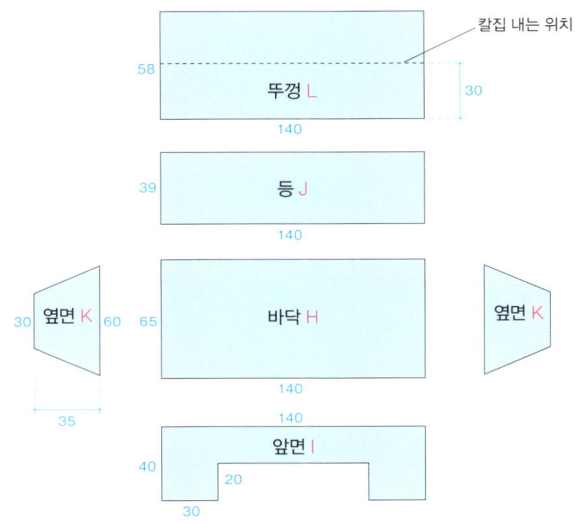

금속판 설치 방법

시접
25~30 10 25~30 35~40

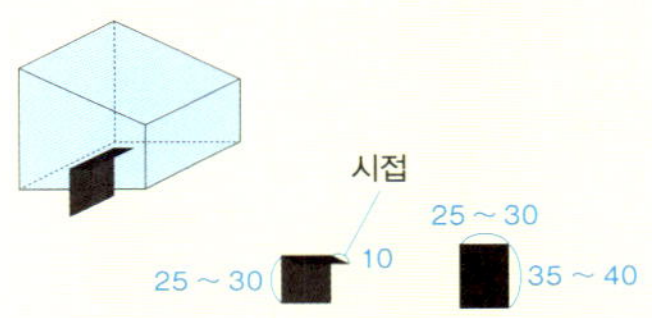

Set No.15 안경 케이스

- 뚜껑 L: 140 × 58 (칼집 내는 위치, 30)
- 등 J: 140 × 39
- 옆면 K: 30/60, 35
- 바닥 H: 140 × 65
- 옆면 K
- 앞면 I: 140, 40, 20, 30

83

12월 터쿼이즈 *Turquoise – December*

 Main No.16 쿼터이즈 보석함

※만드는 법은 '레슨 1(p.46)' 참조.

 Set No.17 트레이

◆ 재료
2.5mm 판지, 켄트지, 수공 염색지, 비즈

◆ 완성 사이즈
가로 215×세로 135×높이 30mm

◆ 판지 사이즈
- 바닥 E···200×120mm 1장
- 옆면 F···2장
- 옆면 G···2장

◆ 만드는 순서
1. 세팅한 판지를 모두 조립하고, 장식지로 바깥쪽 옆면과 바깥쪽 바닥을 처리한다.
2. 켄트지 처리한 장식지로 안쪽 옆면과 바닥을 처리한다.
3. 바깥쪽 바닥에 비즈로 다리를 만들어 붙이면 완성.

Set No.17 트레이

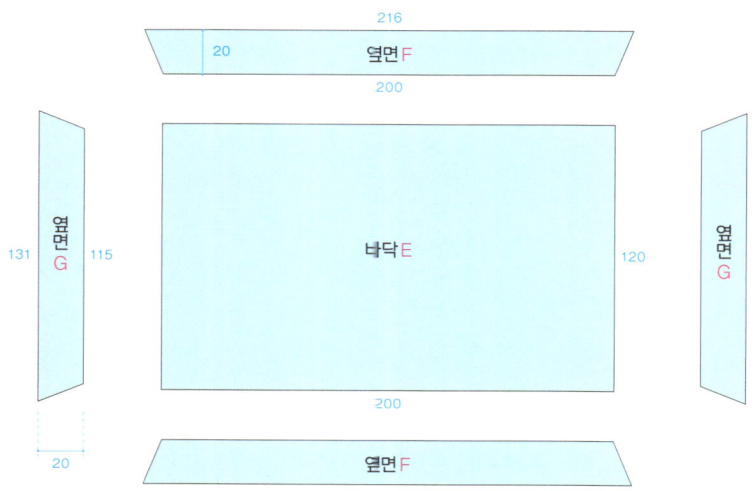

1월 가닛 *Grenat – January*

Main No.18 가닛 액세서리 보드

◆ 재료
3mm 판지, 0.8mm 판지, 펠트,
주사위 모양 손잡이, 트럼프 장식, 거울

◆ 완성 사이즈
가로 405×세로 57×높이 315mm

◆ 판지 사이즈
- 보드 A…400×300mm 1장
- 받침대 B…400×150mm 1장

※ 보드 뒷면에 붙일 0.8mm 판지는 실치수로 준비한다.

◆ 만드는 순서
1. 보드 A의 앞면에 펠트를 붙인다.
2. 보드 앞면에 손잡이와 단추 등을 붙인다.
3. 보드 뒷면에 0.8mm 판지를 붙여 펠트의 시접 두께로 인한 턱을 없애고 그 위에 펠트를 붙인다.
4. 받침대 B에 칼집을 넣고 보드의 뒷면이 닿는 부분을 단면 사선 커팅한다.
5. 받침대에 펠트를 붙인다.
6. 칼집을 낸 부분에 보드 A를 끼워 맞추고 단면 사선 커팅한 곳을 뒷면에 붙이면 완성.

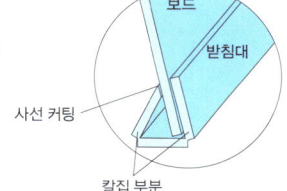

Set No.19 트럼프 상자

◆ 재료
2.5mm 판지, 0.8mm 판지, 켄트지, 펠트, 코튼,
단추, 트럼프 장식

◆ 완성 사이즈
가로 70×세로 95×높이 65mm

◆ 판지 사이즈
- 바닥 C…68×90mm 4장
- 앞면 D…63×25mm 4장
- 등 E…63×55mm 4장
- 옆면 F…8장
- 뚜껑 G…68×100mm 4장

※ 뒷면에 붙일 0.8mm 판지는 실치수로 준비한다.

◆ 만드는 순서
1. 본체를 조립하고, 앞면과 옆면 바깥쪽에 펠트를 붙인다.
2. 펠트의 시접 두께로 인한 턱을 없애기 위해 등 E의 바깥쪽에 0.8mm 켄트지를 붙인다.
3. 등 E의 안쪽에 샤르니에(코튼)를 붙인다.
4. 뚜껑 G에 펠트를 붙이고 뒤쪽을 길게 내어 등 E를 감싸 연결한다.
5. 켄트지 처리한 장식으로 본체의 안쪽 옆면을 처리한다.
6. 펠트로 안쪽 바닥과 바깥쪽 바닥을 처리한다.
7. 뚜껑을 트럼프로 장식해 완성한다.

Main No.18 가닛 액세서리 보드

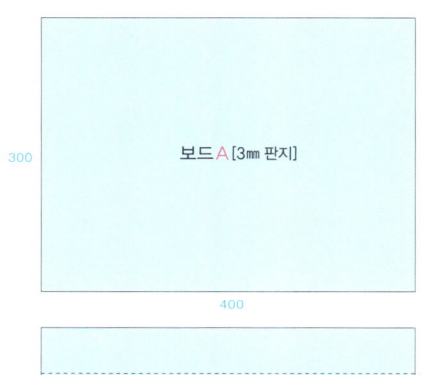

Main No.19 트럼프 상자

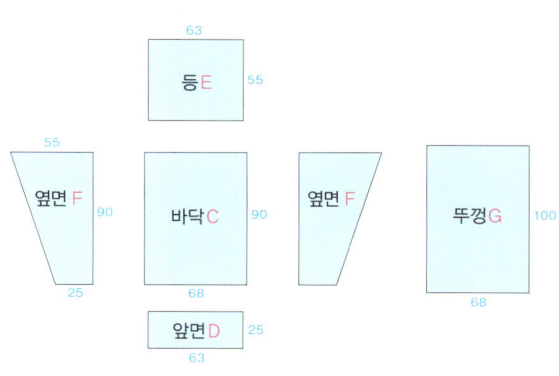

2월 애미시스트 *Améthyste – February*

Main No.20 애미시스트 보석함

※만드는 법은 '레슨 3(p.56)' 참조.

Set No.21 서랍형 상자 (메인 보석함에 수납 가능)

◆ 재료
2.5mm 판지, 켄트지, 기모 디자인지, 가죽지,
벨루어, 리본, 솜, 장식술

◆ 완성 사이즈
가로 125×세로 48×높이 36mm

◆ 판지 사이즈
※완성한 메인 보석함에서 사이즈를 산출한다.

◆ 만드는 순서
1. 완성한 메인 보석함의 상단 좌우 속상자를 기준으로 사이즈를 산출한다.
2. 옆면 B는 높이 30mm, 길이는 1에서 측정한 치수보다 약간 길게 준비한다.
3. 옆면 B의 가장 긴 면에 원하는 크기로 서랍용 창을 뚫는다.
4. 창의 크기에 맞춰 속상자를 만든다.
5. 창에 속상자를 붙인 뒤, 장식지로 안쪽 옆면을 처리한다.
6. 옆면 B와 윗면 A, 바닥 C를 조립하고 바깥면에 전체에 장식지를 붙인다.
7. 속상자의 안치수를 측정해 서랍을 만든다.
8. 서랍에 반지꽂이 등을 만들고 자유롭게 꾸미면 완성.

Set No.21 서랍형 상자

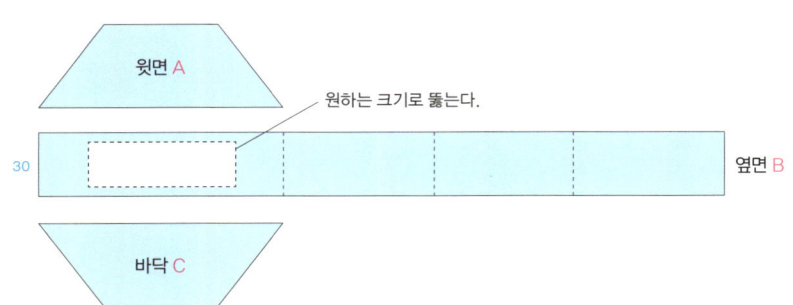

3월 아쿠아마린 *Aigue-Marine – March*

Main No.22 아쿠아마린 보석함

※만드는 법은 '레슨 2(p.50)' 참조.

Set No.23 반지꽂이 상자

◆ 재료
2.5mm 판지, 켄트지, 패브릭지, 기모 패브릭지, 리버티 코튼, 스펀지, 리본, 얇은 자석, 장식술

◆ 완성 사이즈
가로 160×세로 85×높이 40mm

◆ 판지 사이즈
- 위 뚜껑F…1장
- 옆면G… 30×85mm 1장
- 바닥H…155×85mm 1장
- 아래 뚜껑I…100×85mm 1장

◆ 만드는 순서
1. 위 뚜껑F와 아래 뚜껑I를 켄트지에 본뜬다.
2. 패브릭지에 '위 뚜껑F-옆면G-바닥H-옆면G-아래 뚜껑I'의 순서로 붙인다(판지간의 간격은 3mm).
3. 원단에 1에서 본뜬 위 뚜껑 켄트지를 붙이고, 자석을 부착한 뒤 위 뚜껑 안쪽을 처리한다. 시접은 옆면G에 붙인다.
4. 본체의 사이즈에 맞춰 속상자를 만들어 붙인다.
5. 위아래 뚜껑을 포개 자석을 고정할 위치를 확인하고, 아래 뚜껑에 자석받침을 고정한다.
6. 원단에 1에서 본뜬 아래 뚜껑 켄트지를 붙이고, 아래 뚜껑 안쪽을 처리한다. 시접은 옆면G에 붙인다.
7. 속상자에 반지꽂이를 만들어 붙이면 완성.

Set No.23 반지꽂이 상자

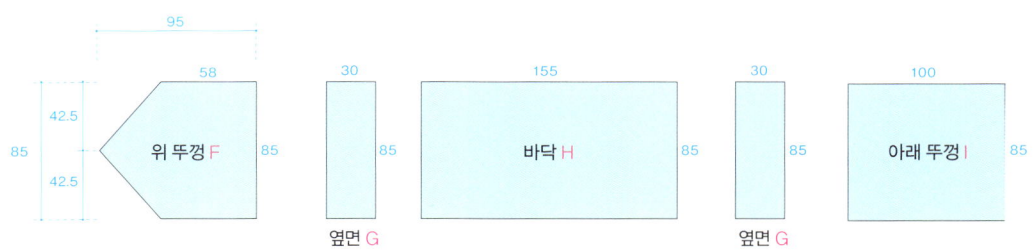

어린 딸에게 *Pour ma petite fille*

Main No.24 마트료시카 미니 드레서

◆ 재료
3mm 판지, 켄트지, 코튼 원단, 패브릭지, 손잡이, 아플리케, 마트료시카 모양 거울

◆ 완성 사이즈
가로 270×세로 105×높이 220mm

◆ 판지 사이즈
[본체]
- 등 A…1장
- 옆면 B…2장
- 바닥·중간판 C…270×100mm 2장
- 옆면 D…100×60mm 2장

[서랍]
- 바닥…261×98mm 1장
- 앞면·뒷면…261×57mm 2장
- 옆면…92×57mm 2장

◆ 만드는 순서
1. 판지를 세팅하고 등 A와 옆면 B를 켄트지에 본뜬다.
2. 등 A와 중간판 C, 바닥 C, 옆면 D를 조립하고, 옆면 D의 안쪽에 패브릭지를 붙인다.
3. 옆면 B를 붙여 조립을 완성한다.
4. 본체의 바깥면에 장식 원단을 붙이고, 서랍의 입구 부분은 잘라서 시접을 옆면 D의 안쪽 패브릭지 밑으로 붙인다.
5. 패브릭지에 1에서 본뜬 옆면 켄트지를 붙이고, 옆면 안쪽을 처리한다. 이때 시접은 곡선 부분만 켄트지에 붙이고 나머지 시접은 본체에 붙인다.
6. 등의 안쪽도 같은 방법으로 처리하고, 아래쪽 시접만 본체에 붙인다.
7. 켄트지 처리한 패브릭지로 바깥쪽 바닥을 처리한다.
8. 중간판 위에 켄트지 처리한 원단을 붙인다.
9. 바닥과 중간판 사이의 치수를 재고 서랍을 만든다.
10. 아플리케와 거울을 붙이면 완성.

Set No.22 마트료시카 미니 드레서

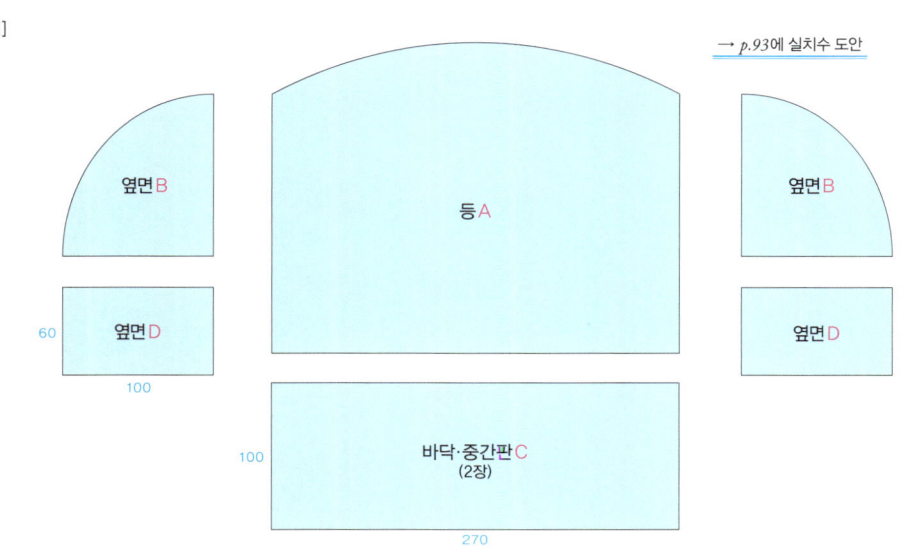

[3mm 판지]   → p.93에 실치수 도안

※서랍은 본체를 완성한 뒤 실치수로 준비한다.

성장한 딸에게 *Pour ma fille adolescente*

Main No.25 핸드백 보석함

◆ 재료
2.5mm 판지, 켄트지, 리버티 코튼, 패브릭지, 리본, 솜, 자석, 가방발, 장식 끈, 부자재, 얇은 플라스틱판

◆ 완성 사이즈
가로 190×세로 100×높이 245mm (손잡이 포함)

◆ 판지 사이즈
- 바닥 A…190×95mm 1장
- 앞면·뒷면 B…2장
- 옆면 C…4장
- 안쪽 뚜껑 D…2장
- 뚜껑 E…1장
- 안쪽 윗면 F…145×22.5mm 2장
- 윗면 G…150×60mm 1장
- 칸막이 H…169×35mm 2장

◆ 플라스틱판
손잡이…18×300mm

◆ 만드는 순서
1. 앞면 B와 뒷면 B, 옆면 C, 안쪽 뚜껑 D, 뚜껑 E를 켄트지에 본 뜬다.
2. 앞면 B에 옆면 C(2장), 안쪽 윗면 F를 조립해 앞 상자를 만든다. 뒷면 B도 같은 방법으로 조립 뒤 상자를 만든다.
3. 원단에 '앞 상자–바닥 A–뒤 상자–윗면 G–뚜껑 E'의 순서로 붙인다(판지 간의 간격은 2.5~3mm).
4. 바닥에 가방발을 단다.
5. 원단에 1에서 본뜬 안쪽 뚜껑 켄트지를 붙이고, 자석을 고정한 뒤 뚜껑 안쪽을 처리한다. 이때 아래쪽 시접은 윗면 G에 붙인다.
6. 앞면에 자석받침을 붙인다.
7. 윗면에 플라스틱판으로 손잡이를 만들어 붙인다.
8. 손잡이에 켄트지 처리한 원단을 붙이고, 아래쪽 시접을 윗면에 붙인다.
9. 안쪽 윗면 F(2장)의 바깥면에 켄트지 처리한 원단을 붙인다.
10. 안쪽 뚜껑 D(2장)에 원단을 붙이고 리본을 끼운 뒤 아래쪽 시접을 칸막이에 붙인다.
11. 안쪽 뚜껑 안쪽에 샤르니에(패브릭지)를 붙이고 상자의 '안쪽 옆면–안쪽 바닥–안쪽 뚜껑'의 순서로 켄트지 처리한 원단을 붙인다.
12. 켄트지 처리한 원단으로 바닥 안쪽을 처리하고 좌우 시접은 켄트지에, 앞뒤 시접은 본체에 붙인다. 나머지 안쪽 면에도 켄트지 처리한 원단을 붙인다.
13. 본체의 사이즈에 맞춰 속상자를 만들어 붙이면 완성.

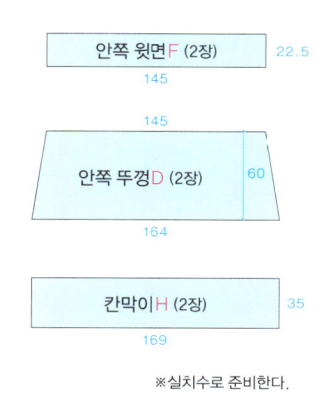

※ 실치수로 준비한다.

실치수 도안

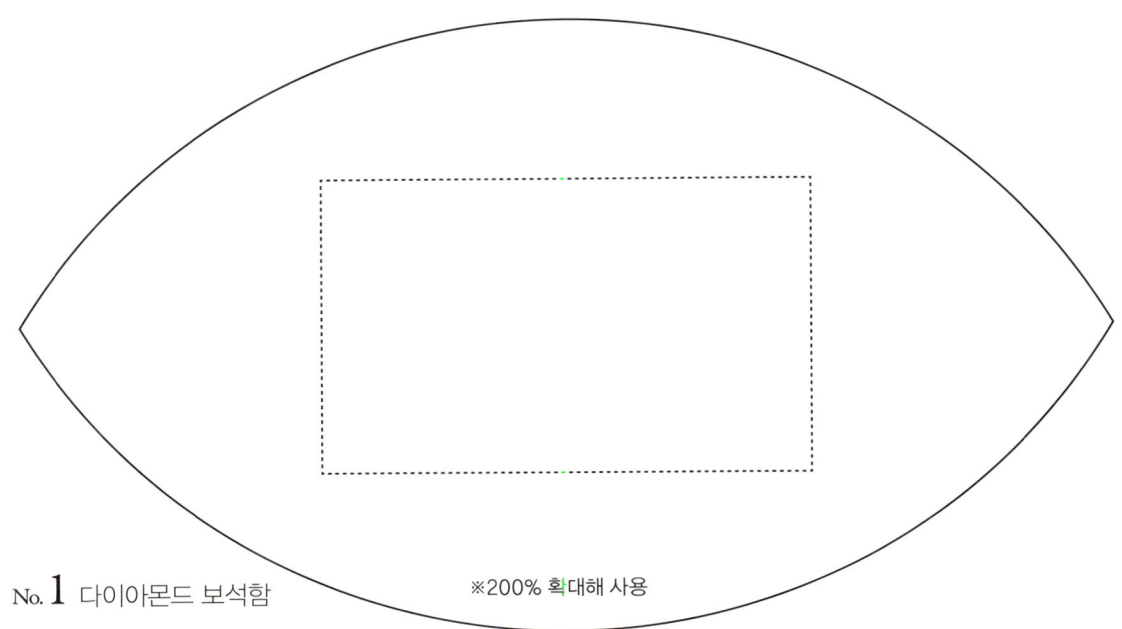

No.1 다이아몬드 보석함　　　※200% 확대해 사용

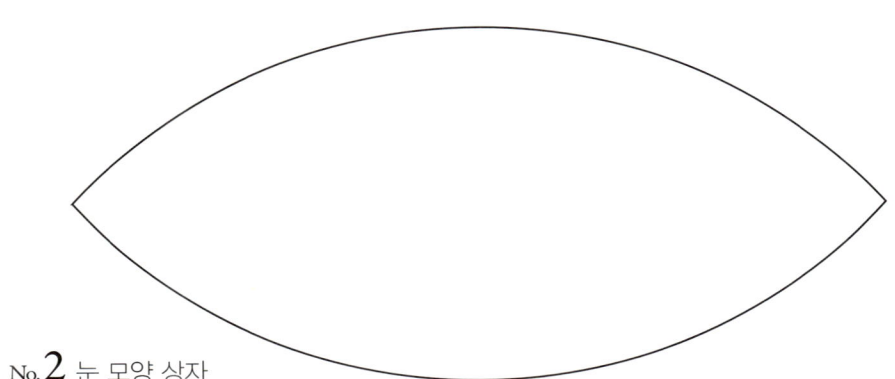

No.2 눈 모양 상자

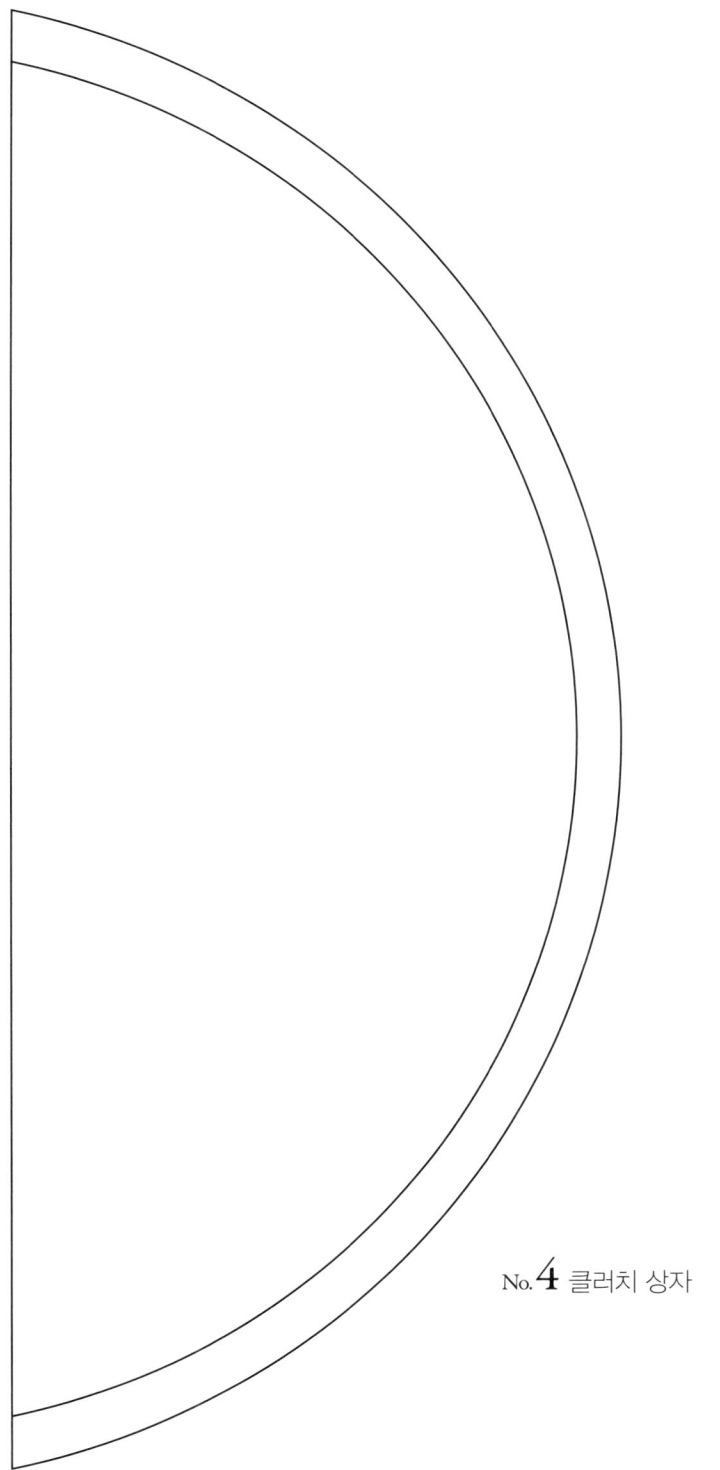

No.4 클러치 상자

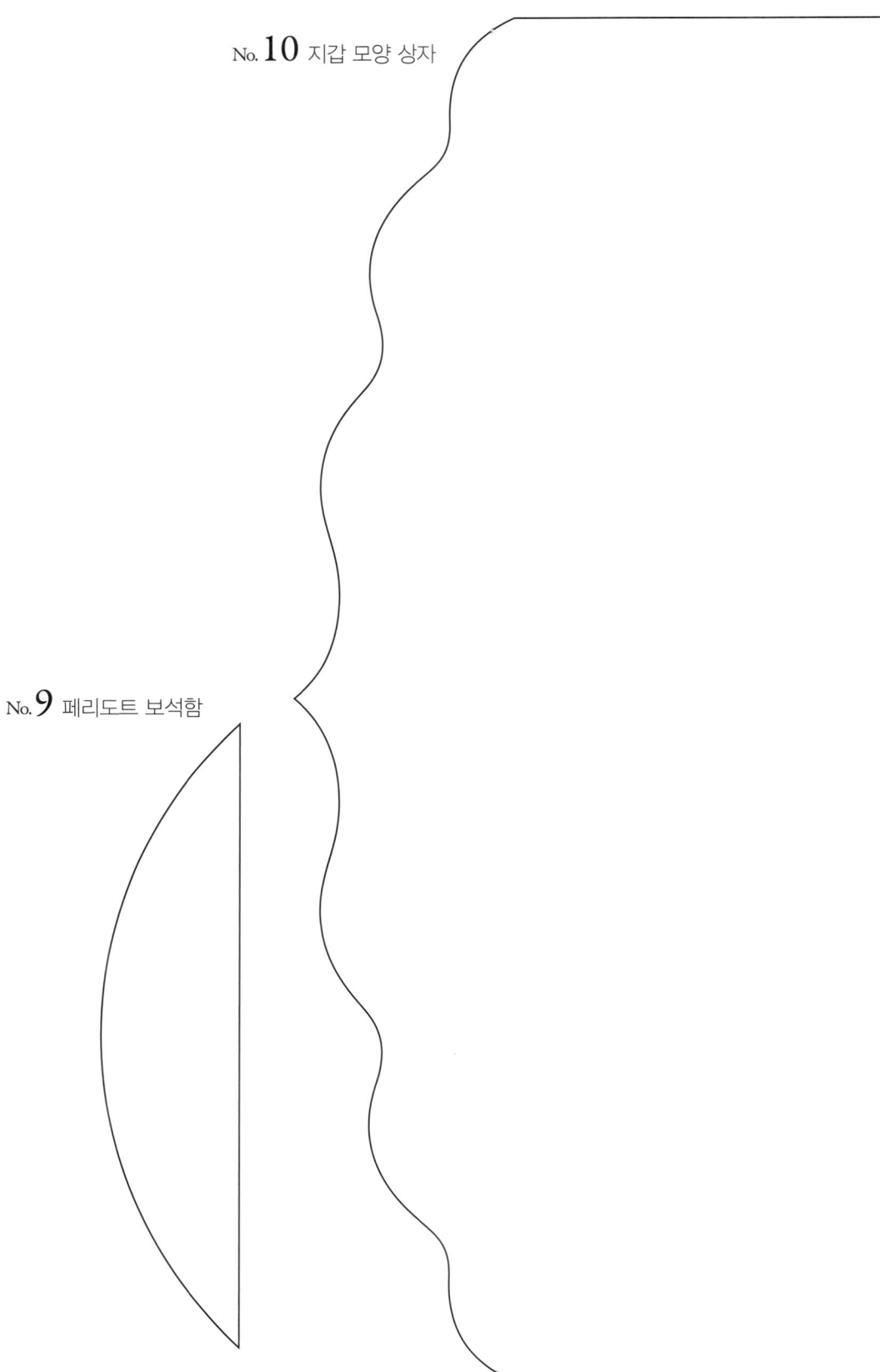

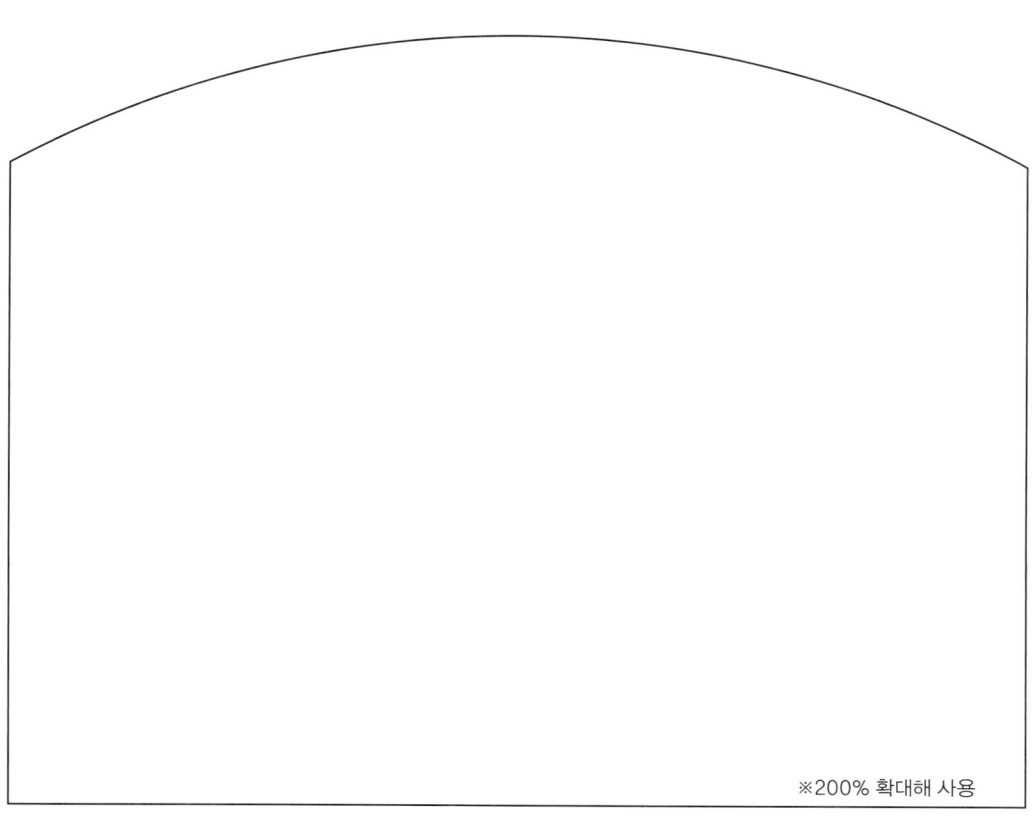

※200% 확대해 사용

No.24 마트료시카 미니 드레서

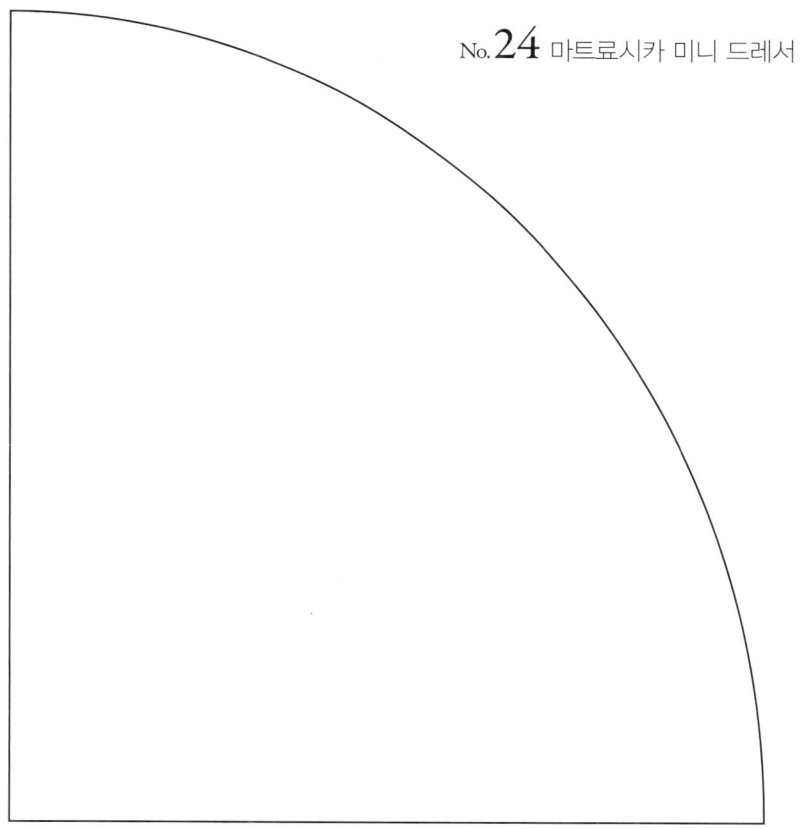

← *Epilogue* →

　정교하게 판지를 자르고 다듬어 꼴을 만든 다음, 다양한 종이와 장신구로 꾸며 개성을 표현하는 멋진 작업, 까또나주. 수공으로 물들인 아름다운 종이를 발견하고, 근사한 프랑스 자수나 드라이 플라워 같은 부자재를 고르는 것 또한 까또나주의 묘미 가운데 하나입니다.

　소개한 작품을 그대로 만들기보다는 응용과 변형을 통해 여러분만의 특별한 보석함을 만들어보세요. 화려한 보석함에 자신이 없다면, 소박하지만 귀여운 작은 상자를 만드는 것부터 시작해도 좋습니다.

　까또나주에 애정을 담아, 즐겁게 작업에 임하시길 바랍니다. 이 책이 나오기까지 힘써주신 분들께도 감사의 마음을 전합니다.

　　　　　　　　　　　　　　　　　　　　　　비저 가요코

**까또나주
열두 달 보석상자**

1판 1쇄 | 2014년 2월 15일
지은이 | 비저 가요코
옮긴이 | 김 남 미
발행인 | 김 인 태
발행처 | 삼호미디어
등 록 | 1993년 10월 12일 제21-494호
주 소 | 서울특별시 서초구 바우뫼로41길 18 원원센터 4층
　　　　www.samhomedia.com
전 화 | (02)544-9456
팩 스 | (02)512-3593

ISBN 978-89-7849-500-4 13630

Copyright 2014 by SAMHO MEDIA PUBLISHING CO.

이 도서의 국립중앙도서관 출판시도서목록(CIP)은
서지정보유통지원시스템 홈페이지(http://seoji.nl.go.kr)와
국가자료공동목록시스템(http://www.nl.go.kr/kolisnet)에서
이용하실 수 있습니다.
CIP제어번호 : CIP2014002764

출판사의 허락 없이 무단 전재와 무단 복제를 금합니다.

잘못된 책은 구입처에서 교환해드립니다.